# AQUILOMBAR-SE

Panorama sobre o Movimento Quilombola Brasileiro

Editora Appris Ltda.
2.ª Edição - Copyright© 2025 dos autores
Direitos de Edição Reservados à Editora Appris Ltda.

Nenhuma parte desta obra poderá ser utilizada indevidamente, sem estar de acordo com a Lei nº 9.610/98. Se incorreções forem encontradas, serão de exclusiva responsabilidade de seus organizadores. Foi realizado o Depósito Legal na Fundação Biblioteca Nacional, de acordo com as Leis nos 10.994, de 14/12/2004, e 12.192, de 14/01/2010.

Catalogação na Fonte
Elaborado por: Josefina A. S. Guedes
Bibliotecária CRB 9/870

| | |
|---|---|
| S729a<br>2025 | Souza, Bárbara Oliveira<br>    Aquilombar-se: panorama sobre o movimento quilombola brasileiro / Bárbara Oliveira Souza. – 2. ed. – Curitiba: Appris, 2025.<br>    213 p. ; 21 cm. – (Educação, tecnologias e transdisciplinaridade).<br><br>    Inclui bibliografias.<br>    ISBN 978-65-250-7591-4<br><br>    1. Quilombolas – Brasil. 2. Quilombolas – Direitos fundamentais. 3. Movimentos sociais. I. Título. II. Série.<br><br>    CDD – 305.89 |

Livro de acordo com a normalização técnica da ABNT

*Appris editorial*

Editora e Livraria Appris Ltda.
Av. Manoel Ribas, 2265 – Mercês
Curitiba/PR – CEP: 80810-002
Tel. (41) 3156 - 4731
www.editoraappris.com.br

Printed in Brazil
Impresso no Brasil

Bárbara Oliveira Souza

# AQUILOMBAR-SE

Panorama sobre o Movimento Quilombola Brasileiro

*Appris editora*

Curitiba - PR
2025

# FICHA TÉCNICA

| | |
|---|---|
| EDITORIAL | Augusto Coelho |
| | Sara C. de Andrade Coelho |

**COMITÊ EDITORIAL E CONSULTORIAS**

- Ana El Achkar (Universo/RJ)
- Andréa Barbosa Gouveia (UFPR)
- Antonio Evangelista de Souza Netto (PUC-SP)
- Belinda Cunha (UFPB)
- Délton Winter de Carvalho (FMP)
- Edson da Silva (UFVJM)
- Eliete Correia dos Santos (UEPB)
- Erineu Foerste (Ufes)
- Fabiano Santos (UERJ-IESP)
- Francinete Fernandes de Sousa (UEPB)
- Francisco Carlos Duarte (PUCPR)
- Francisco de Assis (Fiam-Faam-SP-Brasil)
- Gláucia Figueiredo (UNIPAMPA/ UDELAR)
- Jacques de Lima Ferreira (UNOESC)
- Jean Carlos Gonçalves (UFPR)
- José Wálter Nunes (UnB)
- Junia de Vilhena (PUC-RIO)
- Lucas Mesquita (UNILA)
- Márcia Gonçalves (Unitau)
- Maria Margarida de Andrade (Umack)
- Marilda A. Behrens (PUCPR)
- Marília Andrade Torales Campos (UFPR)
- Marli C. de Andrade
- Patrícia L. Torres (PUCPR)
- Paula Costa Mosca Macedo (UNIFESP)
- Ramon Blanco (UNILA)
- Roberta Ecleide Kelly (NEPE)
- Roque Ismael da Costa Güllich (UFFS)
- Sergio Gomes (UFRJ)
- Tiago Gagliano Pinto Alberto (PUCPR)
- Toni Reis (UP)
- Valdomiro de Oliveira (UFPR)

| | |
|---|---|
| SUPERVISORA EDITORIAL | Renata C. Lopes |
| REVISÃO | Bruna Fernanda Martins |
| DIAGRAMAÇÃO | Matheus Miranda |
| CAPA | Bárbara Oliveira Souza |
| REVISÃO DE PROVA | Amélia Lopes |

## COMITÊ CIENTÍFICO DA COLEÇÃO EDUCAÇÃO, TECNOLOGIAS E TRANSDISCIPLINARIDADE

| | | |
|---|---|---|
| DIREÇÃO CIENTÍFICA | Dr.ª Marilda A. Behrens (PUCPR) | Dr.ª Patrícia L. Torres (PUCPR) |
| CONSULTORES | Dr.ª Ademilde Silveira Sartori (Udesc) | Dr.ª Iara Cordeiro de Melo Franco (PUC Minas) |
| | Dr. Ángel H. Facundo (Univ. Externado de Colômbia) | Dr. João Augusto Mattar Neto (PUC-SP) |
| | Dr.ª Ariana Maria de Almeida Matos Cosme (Universidade do Porto/Portugal) | Dr. José Manuel Moran Costas (Universidade Anhembi Morumbi) |
| | Dr. Artieres Estevão Romeiro (Universidade Técnica Particular de Loja-Equador) | Dr.ª Lúcia Amante (Univ. Aberta-Portugal) |
| | Dr. Bento Duarte da Silva (Universidade do Minho/Portugal) | Dr.ª Lucia Maria Martins Giraffa (PUCRS) |
| | Dr. Claudio Rama (Univ. de la Empresa-Uruguai) | Dr. Marco Antonio da Silva (Uerj) |
| | Dr.ª Cristiane de Oliveira Busato Smith (Arizona State University /EUA) | Dr.ª Maria Altina da Silva Ramos (Universidade do Minho-Portugal) |
| | Dr.ª Dulce Márcia Cruz (Ufsc) | Dr.ª Maria Joana Mader Joaquim (HC-UFPR) |
| | Dr.ª Edméa Santos (Uerj) | Dr. Reginaldo Rodrigues da Costa (PUCPR) |
| | Dr.ª Eliane Schlemmer (Unisinos) | Dr. Ricardo Antunes de Sá (UFPR) |
| | Dr.ª Ercilia Maria Angeli Teixeira de Paula (UEM) | Dr.ª Romilda Teodora Ens (PUCPR) |
| | Dr.ª Evelise Maria Labatut Portilho (PUCPR) | Dr. Rui Trindade (Univ. do Porto-Portugal) |
| | Dr.ª Evelyn de Almeida Orlando (PUCPR) | Dr.ª Sonia Ana Charchut Leszczynski (UTFPR) |
| | Dr. Francisco Antonio Pereira Fialho (Ufsc) | Dr.ª Vani Moreira Kenski (USP) |
| | Dr.ª Fabiane Oliveira (PUCPR) | |

*Ao movimento quilombola.*
*Aos meus filhos.*

*Fogo!...Queimaram Palmares,*
*Nasceu Canudos.*
*Fogo!...Queimaram Canudos,*
*Nasceu Caldeirões.*
*Fogo!...Queimaram Caldeirões,*
*Nasceu Pau de Colher.*
*Fogo!...Queimaram Pau de Colher...*
*E nasceram, e nascerão tantas outras comunidades*
*que os vão cansar se continuarem queimando*
*Porque mesmo que queimem a escrita,*
*Não queimarão a oralidade.*
*Mesmo que queimem os símbolos,*
*Não queimarão os significados.*
*Mesmo queimando o nosso povo,*
*Não queimarão a ancestralidade.*

*Antônio Bispo dos Santos*
*Colonização, Quilombos. Modos e Significações, 2013. p. 39.*

# PREFÁCIO

O meu encontro com esta obra aconteceu em vários momentos de minha vida e da vida da autora. Ora pela militância em defesa da luta quilombola, ora nas reflexões que fizemos sobre o ato de "aquilombar-se", sempre surgia a busca por definir o significado teórico de um verdadeiro "aquilombamento". Por isso, prefaciá-la deixa de ser uma atividade necessária à obra, já que o carinho e compartilhamento comigo e com a história de luta das comunidades quilombolas do Brasil sempre fez parte do pensar e pesquisar da autora. Sendo assim, este prefácio é mais um reforço ao compromisso político com o ato de "aquilombar-se" vivido por muitas pesquisadoras e pesquisadores, negros e não negros, que, ao longo de suas vidas acadêmicas, vêm contribuindo decisivamente com a história e com as lutas das comunidades quilombolas e de outros povos e comunidades tradicionais em nosso país. Nesses recantos o tráfico de africanas e africanos tornou-nos obrigatoriamente irmãs e irmãos, inclusive nas dores e exclusões causados pelo processo escravagista.

A autora utiliza-se de diversos caminhos teóricos e traz contribuições em aspectos ainda não devidamente amadurecidos nas pesquisas sobre quilombos. Arrisca-se de forma corajosa a definir o ato de "aquilombar-se", visto que as pesquisas sobre comunidades quilombolas ainda são escassas, com maior concentração nas ciências sociais. Ao percorrer esses caminhos, Bárbara traz para esta obra questões importantes, das quais destaco algumas, apresentadas por ela com muito brilho e propriedade. Uma de suas abordagens reflete sobre o papel do Brasil como país que mais traficou africanas e africanos, a lógica colonial empregada e o significado disso até os dias de hoje frente às desigualdades raciais daí provenientes, os desafios que ainda se apresentam e a ressemantização dessas práticas no presente. A autora aborda, de forma particular, esse processo para as comunidades quilombolas e dá voz às narrativas das próprias lideranças quilombolas e de seus processos de luta, o que produz um tom especial à trajetória das mobilizações das comunidades negras em nosso país.

Uma questão que merece destaque é a importância deste livro para a luta das comunidades quilombolas, principalmente, pelas fortes ameaças que vêm sofrendo no atual momento. Tais ameaças são oriundas de ações do próprio Estado, que interferem ou violam direitos já consolidados, como, por exemplo, no caso da sobreposição de bases militares e áreas de preservação sobre os territórios quilombolas; provém também das inúmeras tentativas dos poderes Judiciário e Legislativo na busca por retroceder em direitos assegurados constitucionalmente. As pressões vêm de múltiplos lados: do agronegócio, das mineradoras, do setor elétrico e da especulação imobiliária – esta última mais significativamente evidente no que se refere aos quilombos urbanos. As reflexões aqui apresentadas pela autora amplificam o debate sobre a importância da manutenção dos direitos conquistados pelos quilombolas e coloca em evidência o protagonismo de suas representações.

Brinda-nos com dados que indicam como as tensões nos territórios quilombolas são elementos evidentes na atualidade, bem como estão presentes nas estratégias construídas pelas comunidades quilombolas para defender seus territórios de forma digna. Isso nos faz refletir como a sociedade brasileira está longe de enxergar de forma concreta a vida nos territórios quilombolas. Essa invisibilidade projeta-se nos campos da ciência em nosso país, nos marcos legais e em sua aplicação e nas compreensões que ainda persistem sobre os quilombolas no senso comum, nas escolas e na mídia.

Há esforços recentes para um novo entendimento do que são, como se organizam e quais são os direitos das comunidades quilombolas, a exemplo do legado trazido pela Constituição Federal de 1988 e por outras legislações como o decreto 4887/2003[1], a criação do Programa Brasil Quilombola[2], as diretrizes nacionais curriculares para a educação escolar quilombola[3] e as políticas sociais que já conseguem ser acessadas pelos quilombolas. Mas, o caminho ainda é longo e muitos são os desafios.

---

[1] Regulamenta o procedimento para identificação, reconhecimento, delimitação, demarcação e titulação das terras ocupadas por remanescentes das comunidades dos quilombos de que trata o art. 68 do Ato das Disposições Constitucionais Transitórias.

[2] O Programa Brasil Quilombola (PBQ) reúne ações do Governo Federal para as comunidades remanescentes de quilombos.

[3] Resolução nº 8, de 20 novembro de 2012. Define Diretrizes Curriculares Nacionais para a Educação Escolar Quilombola na Educação Básica.

Esse percurso a autora faz a partir de um dos conceitos mais valiosos e importantes para o povo quilombola, que é a identidade e o pertencimento. Como pensar os quilombos sem refletir sobre seu pertencimento? Seria pensá-los a partir de nossas próprias compreensões, sem considerar suas histórias, processos educativos, lutas e "aquilombamentos", muitos deles levados a cabo com outros povos, a exemplo do quilombo dos Palmares, do quilombo de Conceição das Crioulas e de tantos outros ainda desconhecidos, que buscaram e buscam construir alianças estratégicas com povos indígenas e comunidades tradicionais para defender seus territórios e sua identidade.

"Aquilombar-se": essa é parte da obra que nos leva a uma viagem por vários estados, com dados e informações preciosos e reflexões significativas sobre essa especificidade do movimento quilombola. Pensar o "aquilombamento", a partir da perspectiva da autora, é viajar por lugares que ainda são invisibilizados. Esta obra nos encanta, nos faz viver e reviver coisas que por anos de nossas trajetórias escolares nos foram negadas. Ao mesmo tempo, faz-nos pensar sobre os abismos e desigualdades vividas pela população negra no Brasil e nos países que tiveram como matriz de formação a escravidão. Nos leva, ainda, a refletir sobre os efeitos das políticas públicas, da participação social e do fortalecimento das organizações da sociedade civil, e, de forma muito especial, das organizações representativas dos quilombolas, tendo como referência principal a Coordenação Nacional das Comunidades Quilombolas do Brasil.

Como falar de forma tão resumida sobre as riquezas encontradas nesta obra? Por maior que seja o esforço empregado, esse feito seria impossível em poucas páginas. Portanto, convido aos leitores e leitoras a embarcar por este caminho, a "aquilombar-se". Essa será a melhor opção para desfrutar do conjunto de informações que este livro nos oferece. Precisamos desconstituir nossas visões destorcidas do que são e do que representam os quilombos no Brasil e na Diáspora Africana, para dar lugar ao ato de "aquilombar-se". Aquilombemo-nos coletivamente!

*Givânia Maria da Silva*
*Quilombola da Comunidade de Conceição das Crioulas (PE), fundadora da Coordenação Nacional de Comunidades Negras Rurais Quilombolas e Mestre em Educação pela Universidade de Brasília.*

# ACRÔNIMOS

| | |
|---|---|
| AA | Ato Administrativo |
| ABA | Associação Brasileira de Antropologia |
| ACONERUQ | Associação das Comunidades Negras Rurais Quilombolas do Maranhão |
| ACQUILERJ | Associação Quilombola do Estado do Rio de Janeiro |
| ADI | Ação Direta de Inconstitucionalidade |
| APA | Área de Proteção Ambiental |
| AQK | Associação do Quilombo Kalunga /GO |
| CCLF | Centro de Cultura Luiz Freire |
| CCN-MA | Centro de Cultura Negra do Maranhão |
| CECNEQ | Coordenação Estadual das Comunidades Negras e Quilombolas da Paraíba |
| CECQ | Comissão Estadual de Comunidades Quilombolas de Pernambuco |
| Cedenpa | Centro de Estudos do Negro do Pará |
| CLA | Centro de Lançamento de Alcântara |
| CODENE | Conselho Estadual de Defesa dos Direitos do Negro |

| | |
|---|---|
| CONAQ | Coordenação Nacional de Articulação das Comunidades Negras Rurais Quilombolas |
| CONERQ/MS | Coordenação das Comunidades Rurais Quilombolas de Mato Grosso do Sul |
| CONERQ-AP | Coordenação Estadual Quilombola do Amapá |
| COQESP | Coordenação das Comunidades Quilombolas do Estado de São Paulo |
| CPT | Comissão Pastoral da Terra |
| CRQ | Coordenação Regional das Comunidades Quilombolas da Bahia |
| ECOVALE | Associação Ecológica do Vale do Guaporé/RO |
| FACQ | Federação das Associações das Comunidades Quilombolas do Estado do Rio Grande do Sul |
| FCP | Fundação Cultural Palmares |
| FUNAI | Fundação Nacional do Índio |
| FUNASA | Fundação Nacional de Saúde |
| GSI | Gabinete de Segurança Institucional |
| IACOREQ | Instituto de Assessoria às Comunidades Remanescentes de Quilombos |
| IBGE | Instituto Brasileiro de Geografia e Estatística |

| | |
|---|---|
| IN | Instrução Normativa |
| INCRA | Instituto Nacional de Colonização e Reforma Agrária |
| ITERPA | Instituto de Terras do Pará |
| MABE | Movimento dos Atingidos pela Base Espacial de Alcântara/MA |
| MALUNGU | Coordenação das Associações Remanescentes de Quilombos do Estado do Pará |
| MDA | Ministério do Desenvolvimento Agrário |
| MMA | Ministério do Meio Ambiente |
| MMA | Ministério do Meio Ambiente |
| MNU | Movimento Negro Unificado |
| MPF | Ministério Público Federal |
| N'GOLO | Federação Quilombola de Estado de Minas Gerais |
| ONU | Organização das Nações Unidas |
| OIT | Organização Internacional do Trabalho |
| PL | Projeto de Lei |
| PFL | Partido da Frente Liberal |

| | |
|---|---|
| QUILOMBO | Associação Estadual das Comunidades Quilombolas do Piauí |
| SEPPIR | Secretaria de Políticas de Promoção da Igualdade Racial |
| STF | Supremo Tribunal Federal |
| UFPA | Universidade Federal do Pará |
| UnB | Universidade de Brasília |

# SUMÁRIO

**INTRODUÇÃO** ..................................................... 19

**CAPÍTULO 1**
**QUILOMBO: NARRATIVAS E PERSPECTIVAS HISTÓRICAS** ............ 27

1.1 Quilombos, Palenques, Marrons e Cumbes nas Américas ........... 34
1.2 A Histórica Luta pelos Territórios e suas Diversas Formas de Ocupação ........... 41

**CAPÍTULO 2**
**REVERSÃO DO CONCEITO DE QUILOMBO: PERSPECTIVA DE DIREITOS** ........... 57

2.1 Tensão e Conflito nos Territórios Quilombolas ........... 78

**CAPÍTULO 3**
**POVO QUILOMBOLA: IDENTIDADE E TERRITORIALIDADE** ........... 89

3.1 Nós, os Quilombolas? ........... 99

**CAPÍTULO 4**
**AQUILOMBAR-SE** ........... 121

4.1. Movimento Quilombola e a Perspectiva Movimentos Sociais ........... 127
4.2. Mobilizações Anteriores à Constituição de 1988 ........... 131
4.3. Mobilizações Quilombolas nos estados ........... 137
    *4.3.1 Maranhão* ........... 138
    *4.3.2 Pará* ........... 142
    *4.3.3 Bahia* ........... 145
    *4.3.4 Minas Gerais* ........... 147
    *4.3.5 Pernambuco* ........... 150
    *4.3.6 Rio Grande Do Sul* ........... 154
    *4.3.7 Rio de Janeiro* ........... 156
    *4.3.8 Piauí* ........... 159
    *4.3.9 Amapá* ........... 160
    *4.3.10 Espírito Santo* ........... 161

4.3.11 *Mato Grosso do Sul* ................................................................ 163
4.3.12 *Contexto Nacional* .................................................................. 165
4.4. Mobilização Nacional ................................................................... 175
4.5. Relações Intergeracionais e a Percepção da Atuação da Juventude ............ 184
4.6. Considerações sobre as Relações Entre o Movimento Quilombola e o Estado ......... 188

# CONSIDERAÇÕES FINAIS ............................................................. 197

# REFERÊNCIAS ............................................................................ 201

# ANEXOS ................................................................................... 209

# INTRODUÇÃO

O movimento quilombola é hoje uma importante representação das mobilizações coletivas no Brasil. As comunidades quilombolas têm grande relevância no âmbito dos Movimentos Negro, de Mulheres Negras, nas mobilizações de Povos e Comunidades Tradicionais, nos Movimentos do Campo e de Luta pela Terra, nos relacionados ao direito à Educação Interétnica. Na contemporaneidade, as mobilizações das comunidades quilombolas estão presentes em uma ampla rede dos movimentos sociais. Suas articulações têm caráter local, nacional e alcançam redes internacionais, como as estabelecidas com outros países da América Latina. Na multiplicidade de demandas e objetivos que são pautados por esses coletivos, a luta pelos territórios tradicionais figura como o elemento central de sua mobilização.

As organizações sociais que lutam pelos direitos territoriais e identificam-se como "quilombolas" são constituídas predominantemente por pessoas negras[1], e localizam-se em todas as regiões do País. Parte dessas comunidades quilombolas volta-se para o cultivo das terras, e possuem, em sua grande maioria, a sua posse, sem haver na maior parte dos casos regularização de seus territórios.

O movimento de luta pela garantia dos direitos dessas comunidades é histórico e político. Traz em seu íntimo uma dimensão secular de resistência, na qual homens e mulheres buscavam o quilombo como possibilidade de se manterem física, social e culturalmente, em contraponto à expropriação e violência sofridas.

As mobilizações pela defesa dos territórios se fizeram presentes em diferentes períodos históricos em muitas comunidades atualmente categorizadas e que se auto identificam como quilombolas. Essas comunidades possuem uma multiplicidade de denominações em seus

---

[1] Nas comunidades quilombolas há presença de pessoas que se autodeclaram "brancas", "indígenas" e "negras", sendo esse último grupo majoritário, mas não exclusivo. De acordo com dados da SEPPIR (2013), 92,1% dos quilombolas autodeclaram-se pretos ou pardos. Informação disponível em: <http://www.seppir.gov.br/arquivos-pdf/guia-pbq>. Acesso em: 27 abr. 2015.

distintos contextos, tais como "terras de preto", "terras de santo", "mocambos", "quilombos", dentre outras.

Organizada a partir do Artigo 68, do Ato das Disposições Constitucionais Transitórias da Constituição Federal de 1988, a luta pelos seus territórios traz uma nova roupagem para essa mobilização. Permite que os processos de defesa dos territórios, antes efetivados de distintos modos e tendo como base diferentes legislações, passe a se dar a partir de um caminho legal e identitário comum, compartilhado entre as várias comunidades do país.

A ocupação das terras brasileiras pelo poder colonial abarcou quase quatro séculos da história do País. Após a abolição formal da escravidão (Lei Áurea nº 3.353, de 13 de maio de 1888), levou-se mais cem anos para que fossem reconhecidos os direitos às terras aos descendentes dos antigos quilombos, por meio do Art. 68 do ADCT, incluído na Constituição Federal de 1988.

Hoje, transcorridas quase quatro décadas de vigência do Art. 68, cerca de quatrocentas comunidades[2] tiveram seus territórios reconhecidos. São cerca de três mil e oitocentas comunidades quilombolas oficialmente reconhecidas pelo Governo Federal[3], presentes nas cinco regiões do País, cuja parcela majoritária não têm seu direito fundamental à terra efetivado. A fragilidade desse direito se expressa no processo lento e árduo de titulação das terras quilombolas.

Esse quadro tem amplificada sua complexidade com a conjuntura atual apresentada na qual a identidade quilombola e o próprio conceito são contestados por parte da grande mídia, por alguns representantes do Legislativo, por setores do agronegócio e da indústria. Essa contestação do conceito atualmente vigente de quilombo está amparada, em grande parte dos casos, em uma perspectiva enrijecida da ideia de quilombo.

O movimento de "aquilombar-se", de luta pela garantia da sobrevivência física, social e cultural, é histórico. Abarca uma dimensão secular baseada em distintas formas de resistência dos africanos e seus

---

[2] São, ao todo, 396 comunidades tituladas de acordo com os dados do INCRA, onde residem 24.250 famílias. Disponível em: <www.incra.gov.br>. Acesso em: 10 jan. 2025.
[3] De acordo com a base de dados da Fundação Cultural Palmares, de 10 de outubro de 2024, são 3.752 comunidades oficialmente reconhecidas pela Certificação expedida pelo órgão.

descendentes, muitas vezes em conjunto com indígenas e brancos, e chega aos dias atuais na batalha pela garantia de direitos fundamentais, como a titulação das terras que tradicionalmente ocupam as comunidades quilombolas.

Os objetivos do livro permeiam quatro aspectos fundamentais: (1) Abordar os processos mobilizatórios das comunidades quilombolas ao longo da história do Brasil, que têm suas estratégias tecidas de acordo com os aspectos históricos e políticos de cada período analisado; (2) Empreender um panorama da construção da categoria quilombo, desde quando surge nos marcos legais coloniais e imperiais, como categoria de transgressão, até os dias de hoje, quando situa-se na perspectiva de direitos, após a Constituição de 1988; (3) Focar a dimensão identitária da categoria 'quilombo' e seus reflexos nos processos identitários e mobilizatórios de luta pelos direitos quilombolas; (4) Abordar as dimensões político-organizativas estabelecidas entre as comunidades, no que denomino "movimento quilombola", e suas respectivas relações estabelecidas com o Estado.

O estudo, ora apresentado, dialoga com pesquisas que fiz ao longo da última década, dentre as quais uma das mais relevantes é minha dissertação de mestrado, defendida em 2008[4], no âmbito do Departamento de Antropologia da Universidade de Brasília. Essa pesquisa foi premiada pela Fundação Cultural Palmares em 2010, na categoria "comunidades tradicionais"[5]. Com base nesse estudo, foi possível sistematizar muitas das reflexões presentes neste livro, que se divide em quatro capítulos.

Os processos relacionados ao sistema escravista, registros históricos da formação das comunidades nos períodos colonial e imperial, o panorama das comunidades quilombolas no período posterior à Lei Áurea e algumas construções narrativas dessa categoria são abordados no capítulo 1, intitulado "Quilombos: Narrativas e Perspectivas históricas".

O capítulo 2 enfoca a dimensão dos direitos associados à questão quilombola, a partir da Constituição de 1988, com foco no processo de

---

[4] SOUZA, Barbara Oliveira. Aquilombar-se: Panorama histórico, identitário e político do Movimento Quilombola brasileiro. *Mimeo*. Brasília, Departamento de Antropologia, Universidade de Brasília, 2008.
[5] Ganhadora do Prêmio Palmares de Monografia e Dissertação, Categoria Comunidades Tradicionais - Região Centro-Oeste. Fundação Cultural Palmares, 2010.

reversão legal da ótica estatal, que passa de uma categoria de transgressão (construída no Brasil Colônia e Império) para uma perspectiva de direitos, no período pós-constituinte de 1988. Reflete, também, sobre a complexidade de se moldar organizações sociais múltiplas e complexas na categoria "comunidades quilombolas".

O capítulo 3 discute a dimensão da constituição identitária das comunidades quilombolas, os critérios político-organizativos que concebem o partilhar de rumos e de caminhos e suas especificidades e delimitações que permitem categorizá-las em uma perspectiva de povo, de comunidade, distintamente posicionadas em relação à "sociedade nacional".

O movimento quilombola e sua dimensão organizativa e política é trabalhado no capítulo 4, por meio da construção conceitual e teórica que é vinculada com a perspectiva de lideranças estaduais e nacionais da Coordenação Nacional de Articulação das Comunidades Negras Rurais Quilombolas, e de outras organizações quilombolas estaduais e locais.

Para a realização da pesquisa, acompanhei diversos eventos e encontros que pautavam a questão quilombola, nos quais se faziam presentes lideranças quilombolas de todas as regiões do País que representavam, nesses espaços, tanto a Coordenação Nacional de Articulação das Comunidades Negras Rurais Quilombolas - CONAQ, como federações, comissões e coordenações estaduais e locais.

A minha participação nesses encontros ocorreu a partir de 2004, sendo que em parte deles eu me fazia presente por meio do projeto no qual atuava na Secretaria Especial de Políticas de Promoção da Igualdade Racial, da Presidência da República. Os principais encontros nos quais foram realizadas as entrevistas e/ou as observações para esse estudo ocorreram em 2007 e 2008. Além de acompanhar as agendas nacionais, empreendi trabalho de campo, realizado no primeiro semestre de 2008, no Maranhão. Nesse estado, foram feitas visitas e entrevistas com lideranças quilombolas do Vale do Itapecuru, na sede da Associação das Comunidades Negras Rurais Quilombolas do Maranhão - Aconeruq e na sede do Centro de Cultura Negra do Maranhão - CCN, ambas em São Luís.

O foco deste livro voltou-se para os aspectos que tecem os critérios de pertença estabelecidos no âmbito das organizações políticas que articulam a luta de comunidades quilombolas das mais distintas regiões do país. São organizações de comunidades que possuem especificidades e características próprias, e que compartilham metas e objetivos comuns e têm, a partir de um histórico compartilhado e de uma luta coletiva, uma identidade que as aproxima e as agrega em sua diversidade.

Outros pontos trabalhados abordaram os processos de formação das comunidades das quais são provenientes as lideranças, e suas articulações estabelecidas em níveis estaduais e nacionais. Reflito, também, sobre os aspectos que permeiam a identidade quilombola e a conjuntura de oposição que tem crescido continuamente nos últimos anos. Ressalto que o que aqui denomino como movimento quilombola se apresenta a partir de uma heterogeneidade de formas organizativas. O livro busca refletir sobre as ações e relações estabelecidas entre as comunidades com o Estado, desde o ponto de vista legal até a efetivação de ações e políticas publicas a elas dirigidas.

As estratégias narrativas e discursivas dos agentes sociais e das organizações quilombolas, a partir de diferentes formas e linguagens, estão presentes nas mobilizações pela afirmação dos direitos dessas comunidades. Como pondera Foucault, "a inquietação de sentir sob essa atividade [de falar, discursar], todavia cotidiana e cinzenta, poderes e perigos que mal se imagina, inquietações de supor lutas, vitórias, ferimentos, dominações, servidões, através de tantas palavras cujo uso há tanto tempo reduziu as asperidades"[6]. É com base nas narrativas e discursos que os sujeitos constroem um elemento importante de suas percepções sobre ações, estratégias e sobre sua própria identidade. Parte dessas estratégias narrativas envolve um recontar de suas histórias, de seus mitos e de seus ícones. O reposicionamento e o recontar da «história oficial» compõem um dos recursos relevantes, inclusive com destaque ao que se amplifica e ao que se omite. Esse dinamismo narrativo explicita desejos, receios e perspectivas de legitimar dinâmicas de resistência e luta.

O trabalho de pesquisa realizado segue os padrões de uma etnografia a partir da observação participante. Ao empreender uma escrita etnográfica, busco evitar a representação dos "outros" como sujeitos

---

[6] FOUCAULT, M. A ordem do Discurso. São Paulo, Edições Loyola, 2006, p. 8.

abstratos e a-históricos. Há uma complexidade na forma como podem ser empregados usos reducionistas de dicotomias e essências. Como formação identitária, diferentes povos e comunidades constroem complexas e concretas imagens de si e dos outros que os cercam, bem como das relações de poder e de conhecimento que os envolve.

Entrevistas livres, gravadas e não gravadas, conformaram parte importante da metodologia. O momento das entrevistas e a interação ali existente entre a(o) antropóloga(o) e a(o) entrevistada(o) é extremamente sensível e se reflete, também, nos resultados advindos desse diálogo. As reflexões de Le Ven et al. são interessantes sobre esse ponto da pesquisa:

> Durante o processo (às vezes longo, às vezes curto, mas sempre intenso de realização das entrevistas [...], o ponto que mais nos intrigou – e sobre o qual mais conversamos, foi o momento da entrevista. Não o momento de análise dos dados ou o processo técnico da transcrição, nem mesmo questões sobre utilização e importância desta metodologia, mas o *instante* da entrevista. Este instante, foi o que sentimos, é mais que mera parte de uma técnica (ou mesmo da utilização de uma metodologia) e comporta dimensões possivelmente inesperadas numa investigação acadêmica[7].

O instante da entrevista apresenta dimensões subjetivas dos sujeitos entrevistados que perpassa, dentre outros aspectos, sobre a memória. O ato de rememorar implica o passado e o presente. No caso em questão, das entrevistas com lideranças do movimento quilombola, rememorar remete ao passado vivido e ao passado idealizado, transmitido oralmente pelas gerações. Sobre a memória, cabe destacar ainda a seletividade da mesma, ou como Le Ven et al.[8] mencionam, a memória do esquecimento:

> [...] a memória permite a relação do corpo presente com o passado e, ao mesmo tempo, interfere no processo 'atual' das representações. Pela memória, o passado não só vem à tona das águas presentes, misturando-se com as percepções imediatas, como também empurra, 'desloca' estas últimas, ocupando

---

[7] LE VEN, Michel M., FARIA, Erika & MOTTA, Miriam H. S. Historia Oral de Vida: o instante da entrevista. In: SIMSOM, Olga (Org.). *Os desafios contemporâneos da historia oral*. Campinas: Unicamp, Centro de Memória – ABHO. 1997, p. 214.
[8] Idem.

o espaço todo da consciência. A memória aparece como força subjetiva, ao mesmo tempo profunda e ativa, latente e penetrante, oculta e invasora[9].

A memória, presente no momento da entrevista, é um elemento significativo para reflexão na prática etnográfica. Além da memória, outra dimensão relevante diz respeito aos lugares e papéis desempenhados pelo(a) "pesquisador(a)" e pelo(a) "pesquisado(a)". São muitos os autores pós-coloniais que complexificam essa relação, como Spivak[10] e Hall[11]. Desestrutura-se o lugar do(a) "pesquisador(a)" isento(a), imparcial do(a) "pesquisado(a)" irreflexivo(a), além de serem postas em evidência as relações de poder estabelecidas entre as partes envolvidas. Nessa perspectiva, o deslocamento de eixo traz rebatimentos também para a lógica colonial e pós-colonial que permeia o contexto no qual o conhecimento é forjado.

Percebo a relevância desse debate no contexto da pesquisa sobre as mobilizações quilombolas, cujas estratégias possuem especificidades e dinâmicas próprias. As lideranças, com as quais dialogo nesse livro, se distanciam da lógica de sujeitos abstratos e a-históricos, e posicionam-se no sentido de fortalecer suas construções identitárias, como resultado de processos coletivos e relações que tecem a construção do "nós" em contraponto a "eles". Essas dinâmicas refletem, também, fluxos e refluxos de informações, de conhecimentos, de estratégias políticas que ocorrem internamente nas comunidades e nas relações que são constituídas entre elas, no denominado "movimento quilombola". As lideranças e ativistas, em suas andanças e mobilizações, são atores centrais no incremento dessa dinâmica de trocas e de construção de redes de reciprocidade.

No processo da etnografia, as relações estabelecidas entre a pesquisadora e o universo de pesquisa são complexas. As muitas percepções e interpretações sobre os fenômenos sociais que culminam na escrita são permeadas de relações sociais diversas, conflitos e con-

---

[9] BOSI, Ecléa. *Memória e Sociedade:* lembrança de velhos. T. A. Queiroz. São Paulo: Editora da Universidade de São Paulo, 1987, p. 09.
[10] SPIVAK, Gayatari. *A critique of Postcolonial Reasons:* Toward a History of the Vanishing. Howard, 1999.
[11] HALL, Stuart. *Da Diáspora:* Identidades e Mediações Culturais. Belo Horizonte: Editora UFMG, 2006.

fluências que não podem ser ignorados. A ciência, em nenhuma de suas leituras, pode efetivar e ratificar a "verdade" de imagens e construções sociais. Desse modo, em sintonia com reflexões de Doria[12], me deparo com os impasses colocados pela impossibilidade do uso acrítico das teorias e dos modos de operação de escrita que produzem, preservam, cultivam "verdades" não perecíveis. A escrita etnográfica, fundamentalmente, articula-se em um enredo de palavras que concretiza as relações estabelecidas com o "outro". As reflexões sobre os diálogos com o "outro" e a materialização desses na escrita etnográfica, me remete a James Clifford:

> Com a expansão da comunicação e da influência intercultural, as pessoas interpretam os outros, a si mesmas, numa desnorteante diversidade de idiomas. [...] Esse mundo ambíguo, multivocal, torna cada vez mais difícil conceber a diversidade humana como culturas independentes, delimitadas e circunscritas. A diferença é um efeito de sincretismo inventivo[13].

Muito mais do que o método, que envolve a seleção de informantes, a transcrição de textos, de genealogias, de campo, dentre outros, a escrita etnográfica envolve nossa construção das construções de outras pessoas. Traz uma dimensão relacional fundante. O fazer etnográfico é a tentativa de empreender uma leitura a partir de outras leituras, percepções e inserções sociais.

Para concluir essa introdução, creio ser importante destacar que ao se levar em consideração a multiplicidade de complexidades e diferenças sociais, históricas e culturais do universo que conforma hoje as denominadas "comunidades quilombolas", e por serem os objetivos da presente pesquisa voltados para aspectos, de certo modo, amplos, sinalizo que muito ainda precisa ser explorado, o que efetivamente uma pesquisa desse vulto não seria capaz de dar conta. Espera-se, contudo, que o presente estudo seja uma contribuição a essa questão tão fundamental para a sociedade brasileira.

---

[12] DORIA, Siglia Zambrotti. *Confrontos discursivos sobre territórios no Brasil*: o caso das terras dos "remanescentes de quilombos". Tese de doutorado. Brasília, departamento de antropologia – Unb, 2001.
[13] CLIFFORD, James. *Antropologia e literatura no século XX*. Rio de Janeiro: Editora UFRJ, 1998. p. 58.

# CAPÍTULO 1

## QUILOMBO: NARRATIVAS E PERSPECTIVAS HISTÓRICAS

> *Se tuviésemos un mapa donde se pudiera encender un bombillo rojo, en cada lugar donde ocurrieron sublevaciones de esclavizados negros en el continente, veríamos que, desde el siglo XVI hasta hoy, habría siempre un bombillo encendido en alguna parte*[1]
>
> Alejo Carpentier

O sistema escravista nas Américas contabilizou cerca de 15 milhões de africanos[2], homens e mulheres, arrancados de suas terras. Esse empreendimento marcou profundamente o continente africano e americano. Em relação ao Brasil, os mais de trezentos anos de escravidão se refletiram (e refletem) intensamente na realidade sócio-econômica-cultural.

O Brasil tem no âmago de sua história o tráfico e o comércio de africanos e africanas escravizados. Foi o país que mais importou escravizados e aquele que por último aboliu legalmente esse regime. A profunda participação brasileira está marcada na estimativa de que cerca de 40% dos africanos escravizados tiveram como destino o Brasil[3]. Consequência de seu papel dominante na escravização de povos africanos, atualmente o Brasil é o país com maior contingente de população negra na Diáspora Africana[4].

---

[1] Tradução minha: "Se tivéssemos um mapa onde se pudesse acender uma luz vermelha, em cada lugar onde ocorreram sublevações de escravos negros no continente, veríamos que, desde o século XVI até hoje, haveria sempre uma luz acesa em alguma parte".

[2] INIKORI, Joseph E. Africa in World History. The Export Slave Trade From Africa and the Emergency of the Atlantic Economic Order. In: B. A. Ogot (Ed.). *Africa from the sixteenth century to the eighteenth century.* Vol. 5 of General History of Africa. Berkeley, Califórnia, 1992.

[3] GOMES, Flávio dos Santos e REIS, João José (Orgs.).*Liberdade por um fio:* História dos Quilombos no Brasil. São Paulo: Companhia das Letras, 2000.

[4] A população negra brasileira, soma das categorias "preto" e "pardo", de acordo com o Censo de 2010 do Instituto Brasileiro de Geografia e Estatística (IBGE), corresponde a 50,7% da população brasileira, ou seja, 101.923.585 habitantes, dos total de 201.032.714 habitantes.

O sistema colonial tinha como base de sustentação o trabalho escravo africano. A lógica escravista não apresentava contradições com o historicamente praticado na Europa em períodos anteriores, tais como o feudal. No período colonial, a escravidão não havia desaparecido da Europa[5]. No feudalismo, admitia-se que pessoas pudessem ser consideradas propriedades e, na língua erudita da época, o latim, termos como *res* e *instrumentum vocale* identificavam essas pessoas, que nas línguas vernáculas eram chamadas de escravos, *slaves, esclaves, schiavi, sklaven*. Do ponto de vista ideológico, não havia, portanto, oposição à utilização da mão-de-obra escrava no final da idade média e início do período moderno, e a sua utilização no dito "novo mundo" foi largamente empreendida.

> A herança do direito romano permitiu que a Coroa portuguesa lançasse ordenações que classificavam os africanos (e os índios) como *coisas*, como propriedade móvel, cuja transmissão de posição social era estabelecida pela mãe (de acordo com o princípio *partus sequitur uetrem*) que negava ao escravo qualquer condição humana *(seruus personam non habet)*[6].

A mão-de-obra africana e de seus descendentes constituiu-se como a principal durante o regime escravista no Brasil, mesmo havendo grande presença de força de trabalho escravo indígena, principalmente em algumas localidades, como o Grão-Pará.

Os interesses comerciais escravistas dos portugueses dirigiram-se com ênfase para a região de Angola, principalmente na costa angolana, ao sul do rio Zaire, em Luanda, a partir de 1570, e de Benguela, a partir de 1610. Estimulados pelos comerciantes portugueses, parte das sociedades africanas escravizava os prisioneiros de guerra, mas raramente os vencedores retinham-nos como serviçais e a grande maioria era vendida para os comerciantes lusitanos de escravos, ou trocada por mercadorias europeias[7].

---

[5] FUNARI, Pedro P. de Abreu. A arqueologia de Palmares: sua contribuição para o conhecimento da história da cultura afro-americana. In: GOMES, Flávio dos S. e REIS, João J. (Orgs.).*Liberdade por um fio*: História dos Quilombos no Brasil. São Paulo: Companhia das Letras, 2000.

[6] FERNANDES, Florestan. Beyond poverty:the negro and the mulato in Brazil. In: R. Toplin (Org.). *Slavery and race relations in Latin America*. Westport: Greenwood Press, 1970, p. 279.

[7] FUNARI, Pedro P. de Abreu. A arqueologia de Palmares: sua contribuição para o conhecimento da história da cultura afro-americana. In: GOMES, Flávio dos S.; REIS, João J. (Orgs). *Liberdade por um fio*: História dos Quilombos no Brasil. São Paulo: Companhia das Letras, 2000, p. 29.

Fernando Novais[8] ressalta que a acumulação gerada pelo tráfico negreiro acabava, em grande medida, nas mãos dos comerciantes metropolitanos especializados na circulação dos cativos africanos. De acordo com esse autor, "é começando com o comércio de escravos que é possível entender a escravidão colonial, e não o contrário". A estrutura colonial escravocrata tinha, pois, como um de seus alicerces os mercadores de escravizados e seus interesses. Para sustentar esse sistema, havia grande construção ideológica, amparada em estudos científicos e em bases legais.

A lógica de violência e coerção aos negros era outro elemento estrutural do regime escravista, como assinala Freitas[9]:

> Os castigos e tormentos infligidos aos escravos não constituíam atos isolados de puro sadismo dos amos e seus feitores, constituíam uma necessidade imposta irrecusavelmente pela própria ordem escravista, que, de outro modo, entraria em colapso. Pois, sem a compulsão do terror, o indivíduo simplesmente não trabalharia, nem se submeteria ao cativeiro.

O tempo médio de vida útil dos negros e negras escravizados no Brasil era de sete anos, e sua a substituição era automática, sem que houvesse déficit na produção econômica[10]. O tráfico se dava em grandes proporções e a distribuição de cativos abrangeu todo o território nacional[11].

Para além do aparato de repressão violento presente nas fazendas e nos espaços onde havia escravizados, existia ampla legislação, tanto no regime colonial como no imperial, que fundamentava a criminalização e penalização das fugas e tentativas de rebelião.

As referências primeiras aos quilombos foram pronunciadas pela Coroa Portuguesa e seus representantes que administravam o Brasil colônia. Essas referências situam-se no contexto de repressão da Coroa aos negros aquilombados. O seu marco inicial foi possivelmente o que consta no Regimento dos Capitães-do-Mato, de Dom Lourenço de

---

[8] Apud FUNARI, idem. p.27.
[9] FREITAS apud TRECCANI, Girolamo Domenico. *Terras de Quilombo*: Caminhos e Entraves do Processo de Titulação. Belém, 2006, p. 33.
[10] MELO, Paula B. "Se a gente sentar pra contar, dá um livro". História da Família dos Amaros de Paracatu/MG. *Mimeo* – Monografia de Graduação em Antropologia. Universidade de Brasília, 2005.
[11] Em 1819, conforme estimativa oficial, nenhuma região do Brasil tinha menos de 27% de escravizados em sua população.

Almeida, em 1722: "pelos negros que forem presos em quilombos formados distantes de povoação onde estejam acima de quatro negros, com ranchos, pilões e de modo de aí se conservarem, haverão para cada negro destes 20 oitavas de ouro"[12].

Em 1740, em correspondência entre o Rei de Portugal e o Conselho Ultramarino, quilombos ou mocambos foram definidos como "toda habitação de negros fugidos, que passem de cinco, em partes despovoadas, ainda que não tenham ranchos levantados, nem se achem pilões neles". Essa perspectiva conceitual de quilombo se fez presente em diversos outros documentos legais posteriores.

Alfredo Wagner de Almeida[13] demonstra que os elementos básicos desse conceito jurídico-formal de quilombo são: (1) fuga; (2) quantidade mínima de fugitivos; (3) isolamento geográfico; (4) moradia habitual, o rancho; (5) capacidade de reprodução e de autoconsumo na figura do pilão. Esses cinco elementos se reproduzem em muitas definições de quilombos que se seguiram na legislação brasileira, apenas sofrendo um deslocamento de variação e intensidade entre eles mesmos.

A implementação de tais códigos contava com atores centrais para a manutenção da ordem escravista: os bandeirantes. Esses percorriam distâncias monumentais na busca de escravizados fugidos, com atuação mais expressiva na área hoje próxima ao Paraguai e no Nordeste brasileiro[14].

As práticas cotidianas, a base legal e a bagagem ideológica que tirava a humanidade dos africanos, homens e mulheres, e de seus descendentes, no "Novo Mundo", demonstram que esses foram submetidos a violências e sacrifícios inomináveis. Calcular a dimensão dos níveis insuportáveis de barbarismo associados à escravidão na América amplia a percepção do quão importante foram os quilombos e as demais formas de resistências dos africanos e de seus descendentes.

---

[12] GUIMARÃES, Carlos Magno. *A negação da ordem escravista:* quilombos em Minas Gerais no século XVII. São Paulo: Ícone, 1988. p. 131.

[13] ALMEIDA, Alfredo W. B. de. Os Quilombos e as Novas Etnias. In: O'DWYER, Eliane Cantarino. *Quilombos:* Identidade Étnica e Territorialidade. Rio de Janeiro, Editora FGV, 2002.

[14] FUNARI, Pedro P. de Abreu. A arqueologia de Palmares: sua contribuição para o conhecimento da história da cultura afro-americana. In: GOMES, Flávio dos S. e REIS, João J. (Orgs.).*Liberdade por um fio:* História dos Quilombos no Brasil. São Paulo: Companhia das Letras, 2000. p. 30.

Em contraponto, todo esse aparato repressivo existente no Brasil colônia e império marca o peso da resistência negra. Ao longo da história brasileira, negras e negros resistiram e lutaram contra a opressão e a discriminação por meio de uma multiplicidade de formas de resistência. Pensada em sentido amplo, a resistência abarca as várias estratégias efetivadas pelos povos negros para se manterem vivos e perpetuarem sua memória, valores, história e cultura.

São estratégias presentes nos costumes, no corpo, no falar, nas vestimentas, nas expressões, nas organizações sociais, políticas e religiosas tais como os quilombos, irmandades e terreiros de candomblé. Essas estratégias de resistência são vivas e presentes nas manifestações e expressões da cultura afro-brasileira.

Yoruba, Benguela, Mina, dentre vários outros povos africanos trazidos ao Brasil, convergiram em inúmeras manifestações de contraposição às opressões sofridas, com o objetivo de fortalecer suas identidades e coletividades. São muitas as formas existentes, talhadas de acordo com as especificidades locais.

Durante o período da escravidão, que representou cerca de 63% do tempo de existência do Brasil, diversas estratégias organizativas estiveram presentes. Esses registros permeiam a construção identitária de muitas comunidades e compõem a narrativa sobre suas lutas. A ação contra os antagonistas, historicamente vivenciada, nos dias atuais também se processa, só que de diferentes formas, conforme afirma Aparecida Mendes, em relação à sua comunidade:

> A comunidade [Conceição das Crioulas] sempre teve a sua forma de organização, sempre se articulou, e aí a articulação naquele tempo se dava de outra forma porque não tínhamos nem apoio de parceiros externos e o que tinha de externo era interferência mesmo. O poder político, executivo e de polícia mesmo sempre era contra os quilombolas. Mas o nosso povo sempre se organizava entre si e partiam muitas vezes pra luta, pra luta mesmo, e aí se destacava a fitura, que é a capoeira, e também a forte união e a forte parceria com os povos indígenas. E por isso que Conceição das Crioulas tem hoje nos seus traços, nos traços das

pessoas dali, a mistura dos povos indígenas com o povo negro. Isso não significa dizer que o território deixa de ser quilombola, pois isso também vem desde o início da história.[15]

De acordo com Clóvis Moura, as comunidades quilombolas representaram, durante o regime colonial e imperial, uma forte estratégia de resistência negra e um elemento de desestabilização da lógica escravista, uma vez que se constituíam como ruptura social, ideológica e econômica com o modelo vigente.

> O quilombo foi, incontestavelmente, a unidade básica de resistência do escravo. Pequeno ou grande, estável ou de vida precária, em qualquer região que exista a escravidão, lá se encontra ele como elemento de desgaste do regime servil.[16]

Os quilombos, historicamente, se constituíram como unidades de protesto e de experiência social, de resistência e reelaboração das relações sociais em todas as partes nas quais a sociedade latifundiário-escravista se manifestou. Como já destacado, esse é um processo que permeia em muitos casos a vinculação com indígenas e brancos, mas que possui uma predominância negra. Os quilombos, em sua multiplicidade de expressões, representaram, de acordo com Clóvis Moura[17], um processo de protesto radical e permanente, contribuindo, assim, para o agravamento da crise do modo de produção escravista e apontando a necessidade de uma nova ordenação social.

Clóvis Moura aponta que a radicalidade que caracteriza os quilombos baseia-se na própria essência da sociedade escravista. Nessa sociedade, não há possibilidade de negação ou ruptura a não ser por uma via radical. Moura ressalta, ainda, que o quilombo se constituiu como módulo de resistência radical ao escravismo, e que o *continuum* de quilombos por meio da história social da escravidão, denominado por ele como "quilombagem", representou um amplo processo de desgaste do

---

[15] Aparecida Mendes, quilombola de Conceição das Crioulas, Pernambuco. Entrevista feita para pesquisa de mestrado da autora sobre o movimento quilombola, defendida em 2008.
[16] MOURA, Clovis. *Rebeliões na Senzala. Quilombos, insurreições, gerrilhas*. São Paulo, Editora Ciências Humanas, 1981, p. 87.
[17] Idem.

sistema escravocrata. "A quilombagem deve ser vista como um processo permanente e radical entre aquelas forças que impulsionaram o dinamismo social na direção da negação do trabalho escravo"[18].

Os quilombos também se contrapõem à ideia de que a escravidão no Brasil se deu a partir de relações menos violentas e hostis. De acordo com Abdias do Nascimento[19], a persistência da cultura africana e das expressões sociais e organizativas negras no Brasil não ocorreu devido à benevolência dos nossos colonizadores, mas sim à inventividade e perseverança dos africanos e seus descendentes brasileiros e à abrangência que a escravidão teve no Brasil. O tráfico se dava em grandes proporções e a distribuição de escravizados abrangeu todo o território nacional, o que reforça a relevância da escravidão ter sido tão constitutiva na formação do nosso País e da presença da resistência negra ser tão estrutural nesse processo.

Há uma construção idealizada do "quilombo" nessa abordagem de Clóvis Moura e Abdias do Nascimento. Quilombo, nesses casos, é concebido como um ícone da luta negra contra o racismo e a opressão. A partir desse contexto idealizado, foi constituído um dos mais importantes símbolos do movimento negro no Brasil durante o século XX. Esse símbolo de luta se refletiu, como veremos adiante, nas mobilizações em torno da elaboração do texto da Constituição Federal de 1988 e de outras lutas por direitos da população negra.

Outro elemento também importante é a percepção sobre as dinâmicas que permeiam as dimensões de resistência e dominação, muito presentes no debate sobre quilombos. Essa construção da ideia de resistência é fundamental para compreender o processo histórico das comunidades quilombolas. A conceituação de resistência quilombola, presente em muitas das narrativas das lideranças entrevistadas, abarca as ações empreendidas por esses grupos sociais para lutarem por seus direitos coletivos, a partir de diferentes estratégias, apesar de um contínuo processo de negação e violência sofrido.

---

[18] Ibidem, p. 109.
[19] NASCIMENTO, Abdias do. *O Quilombismo*. Rio de Janeiro: Fundação Palmares/OR Editor Produtor Editor, 2002. 2. ed. Brasília.

Algumas reflexões pertinentes ao conceito de resistência são interessantes nesse debate, uma vez que ele não se constitui de modo monolítico e traz dinâmicas e contradições que rompem com a dicotomia pura e simples da resistência *versus* dominação. Com relação a essa problemática específica da resistência, Ortner[20] ressalta que um dos principais contrassensos dos estudos sobre a resistência é não dar ênfase à política em sua complexidade, uma vez que se considera exclusivamente a "política da resistência" como a derivada da relação entre dominador e dominado.

Apesar das dinâmicas complexas existentes interna e externamente nas comunidades quilombolas, e de não ser possível traçar um conceito rígido da perspectiva de resistência, essa ideia não pode ser suprimida do processo contemporâneo e histórico desses grupos, especialmente pela relevância que possui nas narrativas discursivas desses coletivos. A construção presente na narrativa do Movimento Negro e de intelectuais, como ressaltado nos trabalhos de Clóvis Moura e Abdias do Nascimento, e também presente na narrativa de muitas das lideranças quilombolas sobre a história de suas comunidades, concebe o "quilombo" e as "comunidades quilombolas" como espaços de resistência. Configura-se como uma relevante estratégia argumentativa, uma vez que situa o conceito de "quilombo" como um contraponto à crueldade que representou o empreendimento colonialista e, mais recentemente, o republicano, que majoritariamente nega direitos fundamentais dessas comunidades e a garantia dos seus territórios.

## 1.1 Quilombos, Palenques, Marrons e Cumbes nas Américas

Refletir sobre as mobilizações quilombolas permeia, necessariamente, pensar sobre o contexto mais amplo vivenciado nas Américas. A constituição de quilombos não é uma experiência apenas brasileira. As comunidades quilombolas receberam vários nomes nas diversas regiões do Novo Mundo: Quilombos, mocambeiros ou mocambos no

---

[20] ORTNER, Sherry. Resistance and the problem of ethnographic refusal. In: *Comparative Studies in Society and History*. San Francisco, UCLA,In: Recapturing Anthropology In Working in the Present.Richard G. Fox, eCcc Santa Fe: School of American Research Press,1995.

Brasil; palenques e cimarrones na Colômbia e em Cuba; Cumbes na Venezuela; Maroons no Haiti, Jamaica e nas demais ilhas do Caribe francês. De acordo com José Jorge de Carvalho, onde o regime escravista se estruturou, registrou-se movimentos de rebelião contra essa ordem. O primeiro deles é datado de 1522, na ilha de Hispaniola: "Isso significa dizer que a história do cativeiro negro nas Américas se confunde com a história da rebelião contra o regime escravagista"[21].

Essas designações (quilombos, maroons, palenques, mocambos) foram introduzidas nos documentos coloniais, normalmente de forma depreciativa. Os termos *maroon* e *marron* são provenientes do termo espanhol *Cimarrón*, nome dado pelos primeiros colonizadores das Américas ao gado domestico que fugia para os montes da Ilha de Hispaniola (hoje Haiti e Santo Domingo).

A etimologia original da palavra "Quilombo", conforme Nei Lopes, "[...]é um conceito próprio dos africanos bantos que vem sendo modificado através dos séculos [...] quer dizer acampamento guerreiro na floresta, sendo entendido ainda em Angola como divisão administrativa"[22]. No Brasil, o termo "quilombo" passou a significar comunidades e agrupamentos autônomos de negros e negras escravizados fugitivos. "Quilombo" provém dos termos "*kilombo*", da língua kimbundo, ou "*ochilombo*", da língua umbundo. Ambas as línguas (kimbundo e umbundo), bem como outras faladas na região de Angola, são provenientes do tronco linguístico Banto.

Os processos históricos dessas comunidades nos vários países da América Latina se deram de formas bastante distintas. Jamaica e Suriname, por exemplo, lograram a celebração de tratados de paz com os poderes coloniais, o que permitiu o fortalecimento e a existência dessas comunidades com grande autonomia, até os dias atuais. Casos diversos foram vivenciados no Brasil e Colômbia, onde os primeiros direitos dessas comunidades levaram cerca de um século após a abolição para serem reconhecidos. Em outras situações, a violência colonial praticamente extinguiu esses grupos, como é a situação vivida em Cuba.

---

[21] CARVALHO, José Jorge de (Org.). *O Quilombo Rio das Rãs:* histórias, tradições e lutas. Salvador, EDUFBA, 1995, p. 14.
[22] LOPES, Nei. *Bantos, malês e identidade negra*. Belo Horizonte: Autêntica, 2006, p. 27-28.

Os registros apontam que, para além de haver uma predominância de ex-escravizados, houve também a convivência com indígenas, negros e negras livres e brancos marginalizados. O isolamento econômico, social e político também não era uma realidade na maioria dessas comunidades[23]. Estabeleciam comércio de insumos, alimentos, sal, com as fazendas e camponeses.[24].

O processo de aquilombamento era uma ameaça real e eficaz para o poder colonial. Com o objetivo de estabelecer-se, os quilombolas amparavam-se em uma rede de apoio dentro das plantações, e também forneciam suporte para outros escravizados que queriam escapar. Nestas circunstâncias, os colonos tentaram estabelecer todos os mecanismos para o controle dos rebeldes. No entanto, apesar das condições desfavoráveis para as fugas e para a formação de comunidades quilombolas, em alguns casos foram originados quilombos grandes e estruturados[25].

A seguir, irei descrever suscintamente algumas das referências de comunidades quilombolas, palenqueras e marrons na América Latina. Em parte dos países, essas comunidades estão presentes na atualidade e representam um significativo segmento populacional, conforme veremos a seguir. No Suriname, por exemplo, os dados atuais apontam para uma representação acima de 10% de sua população composta por marronage ou palenqueros. No Brasil, são mais de um milhão de pessoas. Em outros países, não há uma presença conhecida na atualidade desses grupos. Todavia, esses foram importantes na história e formação dessas sociedades.

O Suriname apresenta um dos enredos mais impressionantes de resistência negra a toda a opressão sofrida nas agruras da escravidão. Os registros assinalam que as fugas massivas das fazendas se iniciaram nos primórdios do século XVII. Passados cem anos de duras batalhas, foi possível assinar diversos tratados de paz com o então Estado Holandês e garantir o amplo território negro.

---

[23] Há registros de muitos roubos em fazendas e cidades próximas, realizados com auxílio de pessoas externas à comunidade.
[24] GOMES, Flávio dos S. e REIS, João J. (Orgs.).*Liberdade por um fio:* História dos Quilombos no Brasil. São Paulo: Companhia das Letras, 2000.
[25] PRICE, Richard. Reinventando a história dos quilombos: rasuras e confabulações. Afro-Ásia nº 023. Bahia: UnB, 2000. Disponível em: http://redalyc.uaemex.mx/redalyc/pdf/770/77002308.pdf. Acesso em: 17 dez. 2010.

De acordo com José Jorge de Carvalho[26], constituíram-se seis nações, moldadas nas sociedades da África Ocidental. Com grande autonomia, as seis nações (Saramacá, Djuka, Paramaka, Matawai, Aluku e Kwinti) eram compostas de estrutura política própria, por meio de seus respectivos reis, mantinham com a ex-colônia relações comerciais e puderam, ao longo de sua história, efetivamente expressar-se a partir de seus códigos culturais, sociais e políticos. Essas Nações possuem língua própria, e sistemas de parentesco, religião e economia específicos.

São comunidades que têm grande densidade demográfica até a atualidade. Rebelo[27] destaca que a população *marron*, no Suriname representa 12% do total da população. O povo Saramaka tem cerca de 55.000 mil pessoas, das quais dez mil vivem na Guiana Francesa e 45 mil no Suriname. Brasil tem em números absolutos uma maior população quilombola (cerca de 1,17 milhões de quilombolas de acordo com a SEPPIR[28], ou mais de dois milhões de acordo com a CONAQ), mas muito dispersa em pequenas comunidades. Apesar do histórico reconhecimento legal de seu território, os conflitos se fizeram presentes, especialmente nas últimas décadas.

Nos anos 1960, os Saramacás sofreram uma crise séria. Metade de seu território foi inundada por uma represa para fornecer eletricidade a baixo custo à empresa mineradora Alcoa. Muitas aldeias, monumentos históricos, conservados desde o século XVII, estão cobertos pela água[29]. A partir da década de 1990, as relações entre o Estado do Suriname com o povo Saramaká e outros povos *Maroons* tiveram novo acirramento de conflitos. De acordo com Rebelo[30], o ritmo de incursões nos territórios desses grupos foi bastante ampliado, ocasionando severos impactos sociais e ambientais.

Devido a essas incursões, na década de 1990, a Associação de Autoridades Saramaka - AAS apresentou a denuncia dessas violações para a Comissão Interamericana de Derechos Humanos, com o objetivo

---

[26] CARVALHO, José Jorge de (Org.). *O Quilombo Rio das Rãs*: histórias, tradições e lutas. Salvador: Edufba, 1995.
[27] REBELO, Maria de Nazaré de Oliveira. O Povo Saramaka Versus Suriname: Uma Análise Sob O Olhar De Clifford Geert. In: *Cadernos da Escola de Direito e Relações Internacionais*. Curitiba, 14: 95-118 vol.1. 2011.
[28] SEPPIR, 2013. Disponível em: <http://www.seppir.gov.br/arquivos-pdf/guia-pbq>. Acesso em: 14 mar. 2015.
[29] CARVALHO, José Jorge de (Org.). *O Quilombo Rio das Rãs*: histórias, tradições e lutas. Salvador: Edufba, 1995.
[30] REBELO, Maria de Nazaré de Oliveira. O Povo Saramaka Versus Suriname: Uma Análise Sob O Olhar De Clifford Geert. In: *Cadernos da Escola de Direito e Relações Internacionais*. Curitiba, 14: 95-118 vol.1. 2011.

de garantir seus direitos territoriais. Em 28 de novembro de 2007, a Corte se pronunciou a favor do povo Saramaka contra o governo de Suriname. Essa é uma decisão histórica que traz importantes reflexos para os direitos de quilombolas, palenqueros e povos indígenas nas Américas.

Conhecidos como Palenques, essas comunidades na Colômbia estão localizadas na parte norte do país, a costa Atlântica, próxima à Cartagena, e na região da costa do Pacífico. A disposição das comunidades é distinta da existente no Brasil, onde há registro de quilombos em todas as regiões do país. Na Colômbia, Cartagena de Indias se constituiu como um dos pontos mais relevantes de recepção e redistribuição de escravizados para a América do Sul, Central e Caribe.

Uma das poucas comunidades palenqueras, na Costa Atlântica da Colômbia, que possui o direito à terra assegurado é a de San Basilio, situada a 70 km de Cartagena de Indias. Com registro de sua formação no século XVI, nessa comunidade se fala a língua "palenquera", com grande influência de línguas provenientes do tronco linguístico Banto. A população é estimada em cinco mil pessoas. As comunidades da região do Pacífico na Colômbia, por sua vez, lutam por seu território ancestral. São muito afetadas pelas guerrilhas e pelos conflitos armados no país. Vários desses palenqueros, na atualidade, se organizam em movimentos afrocolombianos pela afirmação de seus direitos[31].

A região caribenha é também significativa para o histórico de formação de comunidades negras. As estimativas indicam que entre o século XVI até as últimas décadas do século XIX, foram transportados cerca de 6 milhões de africanos e africanas para essa região[32]. No que se refere à América hispânica, Cuba e Porto Rico foram as últimas colônias espanholas a se tornarem independentes, e nelas a escravidão tinha um peso econômico determinante. Contudo, a abolição da escravidão em Porto Rico ocorreu 13 anos antes de Cuba, em 1873.

As diversas mobilizações contra a situação de degradação e violência vivenciada no sistema escravista, em Cuba, tiveram no apalen-

---

[31] Houve grande avanço na titulação de palenques na região do Pacífico colombiano. Todavia, os conflitos e o narcotráfico são condicionantes que dificultam a efetivação do direito ao território.
[32] LÓPEZ VALDÉS, R. Procedencia de los africanos introducidos en Puerto Rico. Ponencia presentada en el encuentro de africanistas celebrado en San Juan de Puerto Rico, de 20 a 21 de noviembre de 2003.

camento e na cimarronagem uma expressão importante. Suas manifestações na Ilha foram de caráter rural e urbano. Fernández Robaina[33] destaca que, não raramente, escravizados domésticos escaparam da casa do senhor, mas não sempre se dirigiam às montanhas, aos palenques. Muitas vezes, se ocultavam nos bairros marginais, o que, segundo Pedro Deschamps Chapeaux, se configurava como "cimarronagem urbana".

Na então colônia espanhola de Cuba, no entanto, os quilombos e palenques com uma permanência mais longa e estruturada foram menos frequentes. Não surgiram palenques densamente povoados, como nos casos do Brasil, Colômbia, Venezuela, Suriname, entre outros. Uma possibilidade pode ter sido as condições geográficas de Cuba, as estratégias de controle por parte dos proprietários ou outras formas de luta e resistência contra a escravidão empregadas nas mobilizações pró-abolicionistas[34].

O Haiti, importante também nesse passeio às lutas afro-americanas, transformou um projeto de contestação negra em prol da liberdade em um projeto nacional. Foi o primeiro país a se tornar independente, em 1804. Traz até os dias de hoje elementos estruturais de sua cultura tecidos pelo "texto afro-haitiano", nas palavras de Carvalho[35], tais como a forte presença da língua Créole e da religião Vodu, fruto do sincretismo entre a religião católica e tradições de matriz africana. Apesar de haver uma controvérsia entre a historiografia, destacada por Carvalho em seu trabalho, é fundamental fazer referência à marronagem haitiana no processo de independência.

A Revolução haitiana foi um evento de força para a história de luta dos negros e negras. Segundo José Franco[36], a epopeia das massas de escravizados rebeldes durou treze anos de guerra, desafiou a ordem opressora, que tinha o apoio dos exércitos das três potências mais poderosas naquele contexto histórico, França, Inglaterra e Espanha. Esse processo revolucionário do Haiti questionou a ordem escravista

---

[33] ROBAINA, Tomás Fernandez. *El negro en Cuba. Colonia, República, Revolución*. La Habana, Ediciones Cubanas, Artex, 2012, p. 11..
[34] LAVIÑA, Javier. Doctrina para negros. Sendai Editores: Barcelona, 1989.
[35] CARVALHO, José Jorge de (Org.). *O Quilombo Rio das Rãs*: histórias, tradições e lutas. Salvador, EDUFBA, 1995.
[36] FRANCO, José Luciano. Historia de la Revolución de Haití: Una batalla por el dominio del Caribe y el Golfo de Mexico. La Habana: Editorial de Ciencias Sociales, 2010.

e colonialista, amplamente predominante no dito "ocidente" daquele período. A Revolução haitiana foi um marco internacional contra o racismo, o colonialismo e a escravidão.

Outro caso relevante nesse percurso pelas históricas resistências quilombolas à escravidão se passou na Jamaica. Por diversas partes do país, encontram-se comunidades e povoados que descendem dos negros e negras que ali constituíram núcleos de resistência antiescravista. Essas localidades funcionam também de modo autônomo, com líderes e organização política própria[37].

A terra é comunal, desde meados do século XVIII, e a liderança da comunidade (que anteriormente constituía-se como cargo vitalício) hoje é eleita a cada cinco anos. Talvez, a principal referência dos quilombos, que na Jamaica denominam-se *maroons*, foi *Grandy Nanny*. Essa mulher liderava os maroons da parte oriental da ilha com impressionante estratégia militar e à ela eram atribuídos, inclusive, poderes sobrenaturais. Em 1975, durante o governo popular de *Michael Manley*, *Nanny* foi reconhecida como heroína nacional no país[38].

Resgatar e refletir sobre os processos de resistência afroamericanos constitui-se como vital para compreender, de modo mais amplo, a perspectiva dessas lutas e, parafraseando José Jorge, o "texto cultural afro-brasileiro".

> Esse grande texto cultural afro-brasileiro é, apenas, parcialmente autônomo, ou exclusivamente brasileiro: não devemos perder de vista que nossas tradições (sobre as quais ainda sabemos muito pouco) fazem parte de um discurso mítico-simbólico ainda maior, que é o grande texto afro-americano.[39]

Traçar um rápido passeio pelos processos regionais nas Américas é, portanto, fundamental para refletir sobre as relações empreendidas no Brasil junto às comunidades quilombolas. A visibilidade da história e das lutas mais recentes das comunidades palenqueras, marrons, quilombolas é parte do avanço nos direitos dessas comunidades, tão violados na contemporaneidade. Para além da importância histórica, esses grupos

---

[37] CARVALHO, José Jorge de (Org.). O Quilombo Rio das Rãs: histórias, tradições e lutas. Salvador, EDUFBA, 1995.
[38] Idem, p. 31-37.
[39] Ibidem, p. 45.

também representam, em muitos países latino-americanos, uma significativa parcela da população e ocupam consideráveis territórios. Mesmo que muitas vezes silenciados e esquecidos, são agentes sociais de grande relevância para o contexto da Diáspora Africana nas Américas.

## 1.2 A Histórica Luta pelos Territórios e suas Diversas Formas de Ocupação

Desenvolver um olhar analítico sobre os processos que permearam as comunidades quilombolas, marrons, palenqueras, em outros países latino-americanos e no Brasil amplia a percepção da conjuntura na qual se constituíram as estratégias de resistências nas diversas regiões do País. Apesar da extrema coerção e do grande investimento estatal para conter esses processos, esses espaços foram conformados onde houve escravidão e também após o seu término legal.

Nas regiões próximas a engenhos, fábricas de alimentos, nos morros, chapadas e serras que cercavam áreas auríferas e de diamantes, nas pastagens e plantações, avançando fronteiras, os quilombolas abriram suas estradas, seus caminhos, e formaram suas comunidades, adaptando estratégias aos diversos cenários existentes, nas mais variadas regiões do Brasil. De predominância negra, destacam-se também as relações interétnicas na formação das comunidades quilombolas, tais como as estabelecidas com indígenas e brancos.

As atividades agrícolas marcam os registros das comunidades quilombolas e, com variações, se somam a extrativismo, garimpagem, dentre outras. Um ponto central é que essas comunidades, em diversos casos, mantinham forte comércio com as sociedades envolventes. Segundo Flavio Gomes[40], os quilombolas buscavam fixar-se em localidades não muito distantes de locais onde pudessem realizar trocas mercantis. Por meio de relações econômicas estabelecidas de forma clandestina, os quilombolas contavam com a proteção de taberneiros, pequenos lavradores e especialmente daqueles que continuavam na condição de escravos em determinadas regiões.

---

[40] GOMES, Flavio dos Santos. *A hidra e os pântanos*: mocambos, quilombos e comunidades de fugitivos no Brasil (sécs. XVII-XIX). São Paulo: Ed. Unesp: Ed. Polis, 2005.

Em muitas áreas, de acordo com Gomes[41], houve uma crescente integração socioeconômica, envolvendo as práticas camponesas dos quilombolas com a economia própria dos escravizados nas parcelas de terras e tempo a eles destinados pelos seus senhores.

Tendo como base os aspectos específicos regionais, culturais, sociais e demográficos, as atividades econômicas dos quilombos e cativos, por meio do cultivo de pequenas roças e acesso a um pequeno comércio informal, deram origem a uma economia camponesa. Essas comunidades camponesas, predominantemente negras, muitas delas formadas ainda sob a escravidão, foram compartilhadas por libertos, escravizados, lavradores, comerciantes e, especialmente, quilombolas. Exemplo disso é o que aponta Flavio Gomes[42]:

> Os quilombolas de Iguaçu, no Rio de Janeiro, participaram do comércio de lenha daquela região ao longo de quase todo o século XIX. Por meio de negócios com taberneiros e vendeiros locais e de relações com escravos das fazendas circunvizinhas e até mesmo com cativos remadores, das embarcações que navegavam os rios daquela área, e/ou escravos urbanos, os quilombolas conseguiam que seus produtos, no caso sobretudo a lenha, chegassem até a corte.

De acordo com Gomes[43], havia o aquilombamento vinculado aos protestos reivindicatórios de escravizados em relação aos seus senhores, os pequenos grupos de fugitivos que se dedicavam a assaltos às fazendas, aos povoados próximos e às comunidades que buscaram se consistir como independentes com atividades camponesas integradas à economia local. Esses últimos contribuíram de modo expressivo para a formação do campesinato negro.

A repressão às organizações provenientes do protesto negro, com especial ênfase ao aquilombamento, se fez presente durante todo o período colonial e imperial. Os quilombos foram violentamente oprimidos por representarem uma ruptura da ordem jurídica, econômica e social vigente nos períodos coloniais e imperiais. Eram uma constante

---
[41] Idem.
[42] Ibidem, p. 33.
[43] Ibidem.

ameaça ao sistema escravista, pois ao tomarem posse de um território, fragilizavam, por meio da luta e de suas práticas a legislação imposta pela classe dominante que os excluía da condição de possuidores da terra.

A dimensão da exclusão do acesso à terra fica mais nitidamente expressa na Lei de Terras, de 1850, que proibia a aquisição das terras a não ser pela via da compra. Essa Lei, em seu artigo 1º, determinava: "Ficam proibidas as aquisições de terras devolutas por título que não seja o da compra". Nas várias regiões escravistas, os negros escravizados, a partir de suas roças e economias próprias, e os quilombolas, que estruturaram a partir da terra seus usos e costumes, formaram um campesinato negro ainda durante a escravidão. Essas comunidades foram diretamente atingidas pela Lei de Terras, especialmente porque o acesso à terra se deu por diversas vias, tais como a doação, ocupação e também a compra.

Com a instituição da Lei de Terras em 1850, grileiros, posseiros e supostos donos de terras buscaram obter ou regularizar títulos de propriedade sem levar em conta os direitos de comunidades que historicamente ocupavam seus territórios. Nesse processo, muitas comunidades sofreram graves processos de expropriação.

De acordo com Dimas Silva[44], historicamente as formas de acesso à terra aconteceram antes e após a abolição, o que varia de acordo com o motivo que levou a comunidade a se fixar naquele território. Antes da abolição, as ocupações aconteceram por meio da fuga e da constituição de quilombos, por prestação de serviços em períodos de guerra, por desagregação de fazendas de ordem religiosa, ocupação após desagregação ou falência de fazendas, sem qualquer pagamento de foro (o que se dá antes e depois da abolição). No pós-abolição, o estabelecimento das comunidades em seus territórios pode ter ocorrido por meio da compra; de doação ou por desapropriação realizada por órgãos fundiários oficiais.

O aspecto da multiplicidade de formas de acesso a terra é pontuado por várias lideranças quilombolas, ao tratar da formação de suas comunidades:

---

[44] SILVA. Dimas Salustiano da. In:*Frechal Terra de Preto – Quilombo reconhecido como Reserva Extrativista*. São Luiz: SMDDH/CCN-PVN, 1996.

> A comunidade [Campinho da Independência] foi formada por 3 mulheres, ainda no período da escravidão. A gente não tem a data de início, mas a gente sabe que era um período de crise econômica em Parati. Parati era uma região importante, com um porto importante de escoamento, inclusive até hoje tem a rota de escoamento do ouro de Minas Gerais para Parati, então era uma rota importante para a economia. Teve um período de quebra dessa economia, muitas fazendas faliram. Parati tinha então mais de 200 engenhos de cachaça. Houve um período de falência das fazendas e a terra da fazenda Independência foi doada pra vovó Antonica, Tia Marcelina e Tia Luiza, que eram as 3 escravas da casa grande. Só pra ter uma idéia, vovó Antonica era avó do meu avô. Então começa aí a nossa história. Tem um relato da vovó Antonica que as terras do Campinho nunca deveria ser desfeitas, vendidas, que deveriam ficar pras gerações.[45]

Aparecida Mendes, liderança quilombola de Pernambuco, relata o processo de aquisição da terra por sua comunidade:

> Conceição [das Crioulas] é um dos territórios quilombolas bem antigos, porque existe desde o período da escravidão. Conceição, segundo nossos ancestrais, tem o seu primeiro registro escrito de posse de 1802, em nome das crioulas que foram as primeiras negras que chegaram e habitaram aquele local, e da qual delas somos descendentes. Acredito que eu deva ser a sétima geração.[46]

Hildima dos Santos, da comunidade quilombola Igarapé do Lago, Amapá, conta a ocupação da área que deu origem à sua comunidade:

> Igarapé do Lago surge de uma comunidade tradicional que veio em 1770 da África como escravos dos portugueses e de alguns marroquinos que eram bem de vida. E essas comunidades vieram pra lá, direto para o Pará, depois eles foram pra lá para o Marzagão velho, mas antes eles foram pra Vila Vistosa do Marzagão, e ai a ordem que veio de lá de Márquez de Pombal que se não desse todo mundo lá que eles seguissem o contorno do rio, é aonde a minha comunidade, que é o Igarapé do Lago, foi criada. E ai lá a minha mãe e toda a minha família foi criada. A história é assim, Igarapé do Lago

---

[45] Ronaldo Santos, Comunidade Campinho da Independência, Rio de Janeiro. Entrevista feita para pesquisa de mestrado da autora sobre o movimento quilombola, defendida em 2008.
[46] Aparecida Mendes, Conceição das Crioulas, Pernambuco. Idem.

surge porque três escravos, procurando um lugar para a portuguesa morar, encontraram um lugar com igarapé e lago. Eles entraram na comunidade com o rio seco, que estava seco, ai formava igarapé e lago, e quando enchia virava só um rio. Ai eles sempre viveram em uma sociedade tipo quilombola, sem saber.[47]

Maria de Jesus, da comunidade quilombola Oitero dos Nogueira, em Itapecuru – Maranhão, aponta também o processo de formação de sua comunidade.

A comunidade tem 200 anos de existência, o pessoal mais velho dá essa data. Lá começou, porque lá era da família nogueira, eram senhores de engenho, plantio de cana, de algodão, forma também chamando os negros que trabalhavam com eles. Depois eles foram se dispersando, foram acabando, pois foi acabando o recurso das fazendas. Daí os negros é que ficaram trabalhando para a manutenção disso. Depois, com o decorrer do tempo, foi acabando tudo e eles ficaram sem condições de tocar, aí saíram para as cidades. Quem ficou foi os filhos deles, e foi dispersando as coisas. Quem ficou lá foi quem trabalhava no engenho pra eles, vamos dizer assim os escravos. Ficaram lá e foram formando famílias. Depois os filhos dos senhores quiseram vender as terras, e negociaram as terras que por direito são nossas. As pessoas da comunidade então se esforçaram pra comprar os lotes, pra não sair da comunidade. Isso foi em 1970, por aí. Então algumas pessoas da comunidade se juntaram e compraram alguns lotes da comunidade. Lá tem uma árvore antiga, onde tem aquelas argolas antigas, que eram pra prender os animais dos senhores e também servia de tronco. Nós temos três árvores seculares: 1 mangueira e 2 pés de sapucaia. Muito bonitas essas árvores.[48]

Maria de Jesus acrescenta as intervenções realizadas mais recentemente no território de sua comunidade:

Com o decorrer do tempo, com os filhos dos senhores que queriam dispersar a terra e obrigaram as pessoas a comprar um pedaço, outro comprava outro. Aí o INCRA[49] chegou e

---

[47] Hildima dos Santos, liderança da comunidade de Igarapé do Lago, Amapá. Idem.
[48] Maria de Jesus, Comunidade Oitero dos Nogueira, em Itapecuru, Maranhão.
[49] Instituto Nacional de Colonização e Reforma Agrária.

desapropriou a terra, em 1980, e loteou e deu pra pessoas que não tinham comprado e para pessoas de outros municípios. Enquanto pessoas da comunidade ficaram sem nada. Só 33 pessoas receberam esses lotes. Essa comunidade era muito grande, eram mais de cinco mil hectares. E agora encolheu, que a gente não pode nem trabalhar. E todo mundo vive na lavoura então todo mundo tem que trabalhar nessa terra pequena.[50]

Os diversos usos e acessos à terra, trazidos nos relatos dos processos históricos pelas lideranças quilombolas de distintas comunidades sinalizam para essa multiplicidade de construções territoriais que não se reduziam ao posto na Lei de Terras.

Outras pesquisas também indicam para essa diversidade de acessos à terra. Os dados coletados durante a Chamada Nutricional Quilombola[51], abordaram a natureza das terras das comunidades quilombolas em 60 comunidades das cinco regiões, sorteadas a partir de uma base amostral. Segundo informações fornecidas pelas lideranças comunitárias entrevistadas, a maioria das terras dessas comunidades (64%) foi adquirida por meio de herança ou doação. Apenas 9% das terras foram compradas, 25% tiveram como origem a posse e 4% foram arrendadas.

Os territórios das comunidades quilombolas têm, portanto, uma gama de origens, tais como doações de terras realizadas a partir da desagregação da lavoura de monoculturas, como a cana-de-açúcar e o algodão; compra de terras pelos próprios sujeitos, possibilitada pela desestruturação do sistema escravista; bem como de terras que foram conquistadas pelos negros por meio da prestação de serviço de guerra, como as lutas contra insurreições ao lado de tropas oficiais. Há, também, as chamadas terras de preto, terras de santo ou terras de santíssima, que indicam uma territorialidade derivada da propriedade detida em mãos de ordens religiosas, da doação de terras para santos e do recebimento de terras em troca de serviços religiosos prestados a senhores de escravos por negros(as) sacerdotes de cultos religiosos afro-brasileiros.

---

[50] Maria de Jesus, Comunidade Oitero dos Nogueira, em Itapecuru, Maranhão. Entrevista feita para pesquisa de mestrado da autora sobre o movimento quilombola, defendida em 2008.
[51] SOUZA, Barbara; PEREIRA, Lucélia et al. Caracterização sócio cultural das comunidades incluídas na Pesquisa Nacional Quilombola. In: *Chamada Nutricional Quilombola*. Brasília, Ministério do Desenvolvimento Social e Combate à Fome, 2008.

A concepção de que os quilombos seriam constituídos somente a partir de fugas, processos insurrecionais ou de grupos isolados é uma perspectiva equivocada e reflete os resquícios da construção conceitual colonial. Os dados históricos e as narrativas sinalizam que os processos de territorialização das comunidades quilombolas processaram-se por meio de uma multiplicidade de formas. Entretanto, a Lei de Terras contrapunha e excluía todas essas demais perspectivas territoriais. Esse fato dialoga com outros interesses da elite econômica e política da época.

Como ressalta Treccani[52], a Lei de Terras foi aprovada quase simultaneamente à proibição do tráfico negreiro para o Brasil. Segundo Martins:

> A lei de Terras foi uma condição para o fim da escravidão. Quando as terras eram livres, como no regime sesmarial, vigorava o trabalho escravo. Quando o trabalho se torna livre, a terra tem que ser escrava, isto é, tem que ter preço e dono, sem o que haverá uma crise nas relações de trabalho [...] O modo como se deu o fim da escravidão foi, aliás, o responsável pela institucionalização de um direito fundiário que impossibilita, desde então, uma reformulação radical de nossa estrutura agrária.[53]

A luta contemporânea dos quilombolas pela implementação de seus direitos territoriais representa o reconhecimento do fracasso da realidade jurídica estabelecida pela "Lei das Terras", que pretendeu moldar a sociedade brasileira na perspectiva da propriedade privada de terras. A noção de terra coletiva, tal qual são pensadas as terras de comunidades quilombolas, desestabiliza o modelo de sociedade baseado na propriedade privada como única forma de acesso e uso da terra. A incorporação no Estado da perspectiva privada da terra exclui vários outros usos e relações com o território, tal como o dos povos indígenas e das comunidades quilombolas.

A abolição formal da escravidão, oficializada pela Lei Áurea nº 3.353, de 13 de maio de 1888, não representou o fim da segregação e do não acesso aos direitos para negros e negras, e isso se refletiu fortemente nas comunidades quilombolas, constituídas em todas as regiões do País. Segundo Ilka Boaventura Leite, o processo é exatamente inverso:

---

[52] TRECCANI, Girolamo Domenico. *Terras de Quilombo*: Caminhos e Entraves do Processo de Titulação. Belém, 2006.
[53] MARTINS, José de Souza. *Reforma Agrária:* o impossível diálogo sobre a história possível. Brasília, MDA/INCRA, 2000, p. 15.

> os negros foram sistematicamente expulsos ou removidos dos lugares que escolheram para viver, mesmo quando a terra chegou a ser comprada ou foi herdada dos antigos senhores através de testamento lavrado em cartório. Decorre daí que para eles, o simples ato de apropriação do espaço para viver passou a significar um ato de luta, de guerra.[54]

São vários os casos de comunidades quilombolas que durante o século vinte perderam suas terras, mesmo tendo documentos comprobatórios de sua posse, alguns deles provenientes de doações e outros de compra, um forte reflexo da Lei de Terras de 1850. A comunidade dos Amaro[55] é um exemplo. Perderam suas terras, mesmo tendo documentos comprobatórios da posse e hoje se encontram na periferia de Paracatu, em Minas Gerais.

> A comunidade dos Amaros sofreu um processo de expropriação de seu território, ao longo dos anos de 1940 a 1980, em função de continuadas pressões realizadas por fazendeiros residentes na área, de maneira que os descendentes de Amaro Pereira foram, aos poucos, migrando das terras. Atualmente, há uma família morando na região, constituída por uma mulher descendente direta de Amaro4, seu marido e seus filhos – que vivem em uma residência - e sua sogra, residente em outra casa. O espaço físico correspondente às casas, uma pequena roça de milho e abacaxi, algumas árvores frutíferas e dois galinheiros é de três hectares, dos quais a família possui apenas a posse, não havendo registro formal de propriedade da terra.[56]

Para Leite[57], "após a abolição, em 1888, os negros têm sido desqualificados e os lugares em que habitam são ignorados pelo poder público, ou mesmo questionados por grupos recém-chegados, com maior poder e legitimidade junto ao Estado".

Há grande diversidade de histórias de formação das comunidades quilombolas. A historiografia registra comunidades formadas por

---

[54] LEITE, Ilka Boaventura. *Os quilombos no Brasil:* Questões conceituais e normativas. Florianópolis: NUER/UFSC, 2000, p. 5-6.
[55] Comunidade Quilombola historicamente situada na zona rural do município de Paracatu, Minas Gerais, teve ao longo do século XX um intenso processo de expropriação.
[56] MELO, Paula B. Se a gente sentar pra contar, dá um livro. História da Família dos Amaros de Paracatu/MG. *Mimeo* – Dissertação de Graduação em antropologia. Universidade de Brasília, 2005.
[57] LEITE, Ilka Boaventura. *Os quilombos no Brasil:* Questões conceituais e normativas. Florianópolis: NUER/UFSC, 2000, p. 5.

negros que se negaram a permanecer na condição de escravos, fugiram e se aquilombaram. O vínculo das comunidades quilombolas com sua historicidade, baseada em resistência e luta, é um aspecto fundante do universo simbólico e da consciência coletiva dessas comunidades.

Entretanto, nem sempre a fuga e a memória da escravidão estão presentes em suas narrativas e histórias. Algumas se formaram a partir da ocupação de locais desabitados, como Furnas do Dionísio, Mato Grosso do Sul, cujo surgimento remete-se a um negro chamado Dionísio Vieira que ocupou uma porção de terra no sertão e formou com sua descendência a comunidade[58].

Glória Moura aponta que a maioria dos quilombos está baseada em culturas de subsistência, e se situa em terra provenientes a partir de diferentes perspectivas, sendo mais comum a existência de terras doadas, compradas ou secularmente ocupadas. São comunidades que valorizam tradições culturais de antepassados (religiosas ou não) e as recriam no presente[59].

Apesar de se apresentarem como espaços de predominância negra (dos africanos e seus descendentes), os quilombos apresentam-se como espaços interétnicos, com destaque para a participação de povos indígenas e de brancos que se encontravam em situações sociais de exclusão, como aqueles em situação de pobreza e os desertores.

A dimensão da invisibilidade, no período pós-abolição, é outro ponto importante do contexto que circunda as comunidades quilombolas. No imaginário nacional, quilombo é concebido como algo do passado que teria desaparecido do País com o término do sistema escravista. A dimensão de extinção é reforçada com a grande invisibilidade que impera sobre a questão quilombola no período pós-abolição. Essa invisibilidade se espelha na realidade dos descendentes das comunidades quilombolas até recentemente:

---

[58] BANDEIRA, Maria de Lourdes & DANTAS, Triana de V. Sodré e. Furnas de Dionísio (MS). In: O'DWYER, Eliane Cantarino. *Quilombos:* Identidade Étnica e Territorialidade. Rio de Janeiro, Editora FGV, 2002.
[59] MOURA, M. da Glória da Veiga. *Ritmo e ancestralidade na força dos tambores negros:* o currículo invisível da festa. Dissertação de Doutorado da Universidade de São Paulo, 1997.

> Daí que a resistência negra dos descendentes de quilombos brasileiros deveu dar-se através do heróico, porque voluntariamente desumano, recurso da invisibilidade. Enquanto os índios, ainda que injustiçados, alcançam uma visibilidade no imaginário social, relativamente alta em termos de sua pequena presença demográfica atual, as comunidades negras rurais, igualmente submetidas a injustiças, tiveram que se tornar invisíveis, simbólica e socialmente, para sobreviver.[60]

No Brasil, a sobrevivência pela invisibilidade historicamente esteve presente. Exemplo disso é a "descoberta", no início da década de 80, de uma comunidade negra, no meio do Parque Nacional da Chapada dos Veadeiros, chamada Kalunga. Esse fato se repetiu em inúmeras outras comunidades quilombolas do Brasil, como Oriximiná, Pará; Cafundó, São Paulo; Rio das Rãs, Bahia.

Ivo Fonseca, liderança quilombola da comunidade de Frechal – Maranhão, ressalta a invisibilidade da questão quilombola promovida pelo Estado enquanto recurso para desmobilizar a luta pelos direitos das comunidades:

> [o movimento quilombola] é um movimento que está vivo. Na proporção que escondem nossa história buscam que não possamos nos movimentar e fazem de tudo pra secar esse movimento. Só que não vão conseguir, porque nosso movimento hoje está consolidado. O Estado vai pagar uma dívida porque ele escondeu muito esse povo e não está conseguindo mais esconder, ele vai mudar a sua forma de pensar, porque é um movimento que não pára de crescer e que não vai acabar. Está escrito: um dia ele vai ter uma visibilidade maior.[61]

A invisibilidade reinou, também, nas políticas estatais e na legislação durante a grande maioria do período republicano. Essa invisibilidade, do ponto de vista legal e estatal, tem como marco inicial de seu rompimento a Constituição de 1988, com o Artigo 68, do Ato das Disposições Constitucionais Transitórias. O artigo 68, do ADCT da Constituição, demorou, contudo, alguns anos para começar a ser

---

[60] CARVALHO, José Jorge de (Org.). *O Quilombo Rio das Rãs:* histórias, tradições e lutas. Salvador, EDUFBA, 1995, p. 46.
[61] Entrevista feita para pesquisa de mestrado da autora sobre o movimento quilombola, defendida em 2008.

implementado e a garantia do território a maioria das comunidades quilombolas mantém-se ainda bastante distante.

Estudos historiográficos, sociológicos e antropológicos, situados durante o século XX, trazem à tona outras dimensões sobre a população negra no meio rural. Nesse sentido, relata-se a experiência de quilombos constituídos ao longo do período escravista e posteriormente ao seu declínio, formados a partir de núcleos de famílias negras que habitaram terras abandonadas por senhores. Há também estudos que apontam para a constituição de quilombos a partir da doação de terras aos negros e também aos(às) santos(as) que os negros cultuavam. Houve ainda casos de formação de quilombos em locais de refúgio e casos em que negros (escravizados ou ex-escravizados) conseguiram arrecadar capital para comprar terras, onde se constituíram quilombos.

Tais estudos demonstram que surgiram quilombos durante todo o período escravista, em praticamente todo o território nacional. Em seus diversos processos de formação, destaca-se a existência de grupos dotados de uma lógica social, econômica e cultural própria – a maior parte das vezes antagônica - vivendo no seio da sociedade escravocrata. A continuidade desses grupos é fator fundamental para o estabelecimento de uma relação com a terra com base na posse comunal.

Durante a década de 1930, do século XX, sob a influência de Nina Rodrigues e das teorias da Antropologia Cultural, foram realizados estudos importantes de autores como Arthur Ramos, Roger Bastide, Edison Carneiro. Nos anos 1950, Benjamin Péret escreveu um ensaio sobre Palmares que teve uma perspectiva bastante inovadora.

Nos anos 1960, os trabalhos de Clóvis Moura, Décio Freitas, Alípio Goulart, dentre outros, deram voz à visão de que os quilombos configuraram-se como o grande marco do protesto negro em contraponto à lógica escravista.

O período dos anos 1970 e 1980 se destacou pela produção de estudos específicos sobre "terras de negros"[62]. Abdias do Nascimento, com sua abordagem quilombista, trouxe luz à perspectiva pan-africanista, que se destaca nesse período. No ano de 1978, Abdias Nascimento publicou a

---

[62] ALMEIDA, Alfredo W. B. de. Os Quilombos e as Novas Etnias. In: O'DWYER, Eliane Cantarino. *Quilombos:* Identidade Étnica e Territorialidade. Rio de Janeiro, Editora FGV, 2002.

obra *Genocídio do negro brasileiro*: Um Processo de Racismo Mascarado, que já abordava o que o autor conceituou como "Quilombismo". Segundo Abdias do Nascimento, o "Quilombismo" seria a rede de "associações, irmandades, confrarias, clubes, grêmios, terreiros, centros, tendas, afochés, escolas de samba, gafieiras... esta *praxis* afro-brasileira" (NASCIMENTO, 2002, p. 264), situada pelo autor não apenas no passado, mas também no presente. Os quilombos são, portanto, um *lócus* de liberdade e de atualização dos laços étnicos e ancestrais afro-brasileiros.

Os anos 1980 e 1990 foram palco de muitos projetos voltados à pesquisa e levantamento de dados junto às comunidades quilombolas, como os vinculados ao Projeto Vida de Negro (PVN), da Sociedade Maranhense de Direitos Humanos (SMDH) e do Centro de Cultura Negra do Maranhão (CCN/MA), pelo Centro de Estudos e Defesa do Negro do Pará (CEDENPA), pela Associação Brasileira de Antropologia (ABA), pela Comissão Pró-Índio de São Paulo (CPI/SP), pela Associação das Comunidades Remanescentes de Quilombos do Município de Oriximiná/PA (ARQMO) e outras associações quilombolas, Comissão Pastoral da Terra (CPT) de Goiás e da Bahia, pelo Movimento Negro Unificado (MNU), especialmente nos estados de Goiás, Bahia, Pernambuco e Rio de Janeiro, além de estudos apoiados pela Fundação Cultural Palmares, vinculada ao Ministério da Cultura.

Cabe destacar que outros estudos acadêmicos de relevância também foram produzidos ainda na década de 1980, com ênfase para os vinculados à antropologia, como de Neusa Gusmão[63], de 1979, que contribuiu significativamente para a organização política da comunidade Campinho da Independência, no estado do Rio de Janeiro, e o de Baiocchi, de 1983[64], sobre as comunidades quilombolas em Goiás. Destaco, por fim, o trabalho feito por Alfredo Wagner, em 1989[65], que aborda os territórios de uso coletivo, como dos quilombos.

Além das publicações e projetos de pesquisa aqui citados, muitas outras investigações trouxeram reflexões e análises sobre a discussão

---

[63] Em 1979, Neusa M. M. de Gusmão apresentou a dissertação *Campinho da Independência: Um Caso de Proletarização "Caiçara"*. No ano de 1990, defendeu a tese de doutoramento com o título: *A dimensão política da cultura negra no campo*: uma luta, muitas lutas.

[64] Outro estudo desse período foi *Os Negros do Cedro*: Estudo Antropológico de um Bairro Rural de Negros em Goiás, publicado em 1983 por Mari de Nazaré Baiocchi.

[65] ALMEIDA, Alfredo Wagner Berno de. *Terras de Preto, Terras de Santo, Terras de Índio – uso comum e conflito*. Cadernos NAEE, nº10, 1989.

conceitual e identitária das comunidades quilombolas, sobre aspectos territoriais e legais. Vários desses trabalhos tiveram expressiva influencia e contribuíram no processo de luta e debate pela entrada no texto constitucional do Artigo 68, do Ato das Disposições Constitucionais Transitórios, e, posteriormente, trouxeram contribuições nos debates voltados à sua implementação.

A presença do debate sobre a discriminação racial no meio rural e sobre a questão quilombola também foi marcante nos movimentos sociais, com ênfase para o movimento negro de caráter mais urbano. Percebida como símbolo de luta do movimento negro, a presença da questão quilombola foi relevante desde o início do século XX. Como já apontado, essa construção da ideia de quilombo simbólico, se constitui como um marco das lutas negras nesse período.

A imprensa negra, nos anos 1920, e a Frente Negra, nos anos 1930, já traziam a dimensão da discriminação racial à tona. Na década de 1940, o Teatro Experimental do Negro também levanta esse debate. Essa discussão tem uma forte presença nas décadas de 1970 e 1980, com o processo intenso de organização do movimento negro. Nesse período, o Movimento Negro Unificado (MNU), fundado em 1979, sob as bandeiras "afrocentrismo" e do "pan-africanismo" – representadas no "quilombismo" de Abdias do Nascimento – busca incorporar às suas reivindicações a realidade de grupos isolados, tais como os negros do campo[66]. Nesse processo de institucionalização do Movimento Negro Unificado, a proposta de instituir o 20 de Novembro como o Dia da Consciência Negra, em alusão a Zumbi dos Palmares, ganha fôlego nacional. Essa proposta surgiu no Grupo Palmares, situado em Porto Alegre, alguns anos antes.

Contemporaneamente ao MNU, surge uma mobilização mais presente em Brasília, mas que envolveu ativistas, atores políticos, artistas, intelectuais também de outros estados, e que culminou na criação do Centro de Estudos Afro Brasileiros - CEAB. Seu surgimento tem como marco o ano de 1979, após as articulações estabelecidas no

---

[66] GUIMARÃES, Carlos Magno. *A negação da ordem escravista:* quilombos em Minas Gerais no século XVII. São Paulo: Ícone, 1988.

mesmo ano no Congresso Afrobrasileiro em Uberaba, Minas Gerais[67], e no Congresso Afrobrasileiro em Ribeirão Preto, São Paulo. Como fruto dessa mobilização, surge a proposta do Projeto Zumbi, encaminhada em 1980 ao governo federal da época, que mais uma vez coloca a luta quilombola como símbolo das mobilizações negras. O Projeto, dialogado com o Ministério da Educação e Cultura e com a Universidade Federal de Alagoas, envolvia a criação de uma universidade, um centro de informações, projetos para agricultura que incluíssem as famílias negras no campo e a estruturação do Memorial Zumbi dos Palmares.

Dessa iniciativa, se concretiza o Memorial Zumbi dos Palmares, em Alagoas, lançado em 20 de novembro de 1980, na Serra da Barriga. Sua inauguração contou com a presença de importantes atores do movimento negro, como Abdias do Nascimento, Lélia Gonzalez, Helena Theodoro, Joel Rufino, artistas, como Rubem Valentim, além de alguns dos idealizadores da proposta, tais como Waldimiro de Souza e Carlos Moura.

Nesses processos levados a cabo no fim dos anos 1970, início dos anos 1980, a construção idealizada do quilombo como símbolo da luta contra o racismo no país se fortalece. A partir do ícone de Palmares e de Zumbi, várias outras mobilizações junto a comunidades quilombolas em estados como Goiás, Bahia, Maranhão, Pará, São Paulo e Rio de Janeiro, foram colocadas em prática e fortaleceram a articulação dessa temática para o processo da Constituinte que se avizinhava.

As lutas quilombolas, sempre presentes desde o início da exploração escravista no Brasil, registram durante o século XX um importante crescimento e diálogo com demais movimentos, especialmente nas décadas de 1970 e 1980, em sintonia e muitas vezes em articulação com coletivos do movimento negro. Essas mobilizações quilombolas foram fundamentais para qualificar as demandas históricas desses grupos e para denunciar a situação de violência e de não respeito aos direitos fundiários dessas comunidades.

---

[67] O Congresso Afro-brasileiro, realizado em Uberaba - MG, de 5 a 9 de Setembro de 1979, teve como produto a Carta de Uberaba. O Congresso Afrobrasileiro de Ribeirão Preto, realizado em 11 de novembro de 1979, teve como síntese a proclamação de Ribeirão Preto. Ambos estão sistematizados na publicação editada pelo Senado Federal, pelo então senador Itamar Franco, intitulada "O Negro no Brasil, 1980".

As bandeiras de luta e processos organizativos do movimento quilombola, do movimento negro de caráter mais urbano, de sindicatos e cooperativas rurais, de acadêmicos e pesquisadores, de parlamentares, dentre outros, foram fundamentais para pautar a questão quilombola na Assembleia Constituinte, no final da década de 1980, e lograr a inclusão no texto constituinte do Artigo 68.

A discussão histórica presente nesse capítulo tem como fundamento apontar elementos reflexivos para as formas atuais de resistência e existência dessas comunidades quilombolas, que a partir de uma dimensão histórica, cultural e identitária constroem o seu existir atual e ressiginificam as suas lutas com base nas estratégias contemporaneamente constituídas.

Os novos marcos legais que permeiam a questão quilombola ao longo de sua história, e suas dimensões interpretativas, aprofundadas a seguir, são estruturais para essas reflexões contemporâneas do "aquilombar-se", ou seja, do resistir e do existir das comunidades quilombolas na atualidade.

# CAPÍTULO 2

## REVERSÃO DO CONCEITO DE QUILOMBO: PERSPECTIVA DE DIREITOS

No período republicano, a partir de 1889, o termo "quilombo" desaparece da base legal brasileira, uma vez que com o fim da escravidão sua existência como transgressão não teria mais sentido. Reaparece na Constituição de 1988, como categoria de acesso a direitos, em uma perspectiva de sobrevivência, dando aos quilombos o caráter de "remanescentes".

São, portanto, cem anos transcorridos entre a abolição até a aprovação do Artigo 68 da Constituição Federal, do Ato das Disposições Constitucionais Transitórias, cujo conteúdo reconhece os direitos territoriais das comunidades quilombolas.

Alfredo Wagner Almeida destaca que a Constituição Brasileira de 1988 opera uma inversão de valores no que se refere aos quilombos em comparação com a legislação colonial, uma vez que a categoria legal por meio da qual se classificava quilombo como um crime passou a ser considerada como categoria de auto definição, voltada para reparar danos e acessar direitos[1].

Ivo Fonseca, liderança da comunidade de Frechal, Maranhão, destaca que a Carta Magna trouxe um processo de reversão de um histórico de não reconhecimento da cidadania da população negra, e mais especificamente dos quilombolas: "Se pegar as normas constitucionais e os decretos na história do Brasil, eles são muito cruéis conosco. Nós só passamos a ser cidadãos brasileiros a partir da constituição de 1988. Antes nós não éramos cidadãos brasileiros".[2]

A Constituição de 1988 representa, portanto, um divisor de águas ao incorporar em seu conteúdo o reconhecimento de que o Brasil é o Estado pluriétnico, ao reconhecer que há outras percepções e usos da

---
[1] ALMEIDA, Alfredo W. B. de. Os Quilombos e as Novas Etnias. In: O'DWYER, Eliane Cantarino. *Quilombos*: Identidade Étnica e Territorialidade. Rio de Janeiro, Editora FGV, 2002.
[2] Entrevista feita para pesquisa de mestrado da autora sobre o movimento quilombola, defendida em 2008.

terra para além da lógica de terra privada, e o direito à manutenção da cultura e dos costumes às comunidades e povos aqui viventes.

Para além do mencionado Artigo, fazem-se presentes também nas constituições de várias Unidades da Federação artigos que regem sobre o dever do Estado em emitir os títulos territoriais para as comunidades quilombolas. Essas legislações são respostas à mobilização dos quilombolas. Os estados que possuem em suas constituições artigos sobre os direitos territoriais quilombolas são Maranhão, Bahia, Goiás, Pará e Mato Grosso:

> O Estado reconhecerá e legalizará, na forma da lei, as terras ocupadas por remanescentes das comunidades dos quilombos.[3]
>
> O Estado executará, no prazo de um ano após a promulgação desta Constituição, a identificação, discriminação e titulação das suas terras ocupadas pelos remanescentes das comunidades dos quilombos.[4]
>
> Aos remanescentes das comunidades dos quilombos que estejam ocupando suas terras, é reconhecida a propriedade definitiva, devendo o Estado emitir-lhes títulos respectivos no prazo de um ano, após promulgada esta Constituição.[5]
>
> O Estado emitirá, no prazo de um ano, independentemente de estar amparado em legislação complementar, os títulos de terra aos remanescentes de quilombos que ocupem as terras há mais de 50 anos[6].
>
> Aos remanescentes das comunidades dos quilombos que estejam ocupando suas terras, é reconhecida a propriedade definitiva, devendo o Estado emitir-lhes os respectivos títulos.[7]

Além desses artigos das constituições estaduais, há legislações posteriores específicas em outros estados. Essas legislações estão presentes no Espírito Santo, Mato Grosso do Sul, Pernambuco, Piauí, Rio de Janeiro, Rio Grande do Sul e São Paulo. São, ao todo, onze estados que possuem legislação específica (seja ela constitucional ou não) que rege sobre o procedimento de regularização fundiária dos territórios quilombolas.

---

[3] Constituição do Estado do Maranhão, Art. 229.
[4] Constituição do Estado da Bahia, Art. 51 ADCT.
[5] Constituição do Estado do Pará, Art. 322.
[6] Constituição Estadual do Mato Grosso, Art. 33 ADCT.
[7] Constituição Estadual de Goiás, Art. 16 ADCT.

Do ponto de vista regional, outros países latino-americanos também possuem legislações que visam a efetivação dos direitos territoriais das comunidades negras rurais, que são denominadas de distintas formas nos vários países. A Nicarágua, por exemplo, efetiva os direitos das comunidades negras rurais de seu território por meio da Lei nº 445/2002, voltada ao que nesse país se denominam as comunidades étnicas. Na Colômbia, o direito das comunidades negras consta na Constituição Política de 1991, no artigo 55. No Equador, por meio do artigo 83 da Constituição Política de 1998, são assegurados os direitos ao que se denomina "pueblos negros o afroecuatorianos".

Na Constituição Federal brasileira de 1988, a categoria 'Quilombo' ganha outra conotação. A entrada em vigor do Artigo 68 suscita uma ampla discussão sobre quem seriam os ditos "remanescentes de quilombos" e sobre como haveriam de ser tituladas as suas terras. Esse debate ganha fôlego especialmente a partir de 1995, ano emblemático para a questão negra no País, pois é quando se realiza a Marcha Zumbi dos Palmares e o I Encontro Nacional de Comunidades Quilombolas.

Apesar dessa grande mudança de rumos do ponto de vista legal, no processo constituinte e nos primeiros anos após a entrada em vigor do Artigo 68, o debate sobre sua implementação e sobre outros assuntos correlatos a ele não tiveram grande eco no Legislativo. Conforme Oliveira Jr.:

> Durante o processo constituinte, nem uma única discussão foi registrada nos anais do Congresso sobre o futuro Art. 68 do ADCT. Incluído inicialmente em uma das propostas sobre a proteção do patrimônio cultural brasileiro, a proposição de titulação das terras dos remanescentes de Comunidades de quilombos foi deslocada para o ADCT devido à sua própria natureza transitória [...] A primeira menção que se faz ao assunto no Congresso, já posterior à Constituinte, foi em 1991, em um discurso do Deputado Alcides Modesto (PT-BA) sobre o conflito fundiário na região do Rio das Rãs.[8]

---

[8] OLIVEIRA Jr., Adolfo Neves. Reflexão Antropológica e Prática Pericial. In: CARVALHO, José Jorge de (Org.). *O Quilombo Rio das Rãs*: histórias, tradições e lutas. Salvador, EDUFBA, 1995, p. 224-225.

Entretanto, em outras instâncias, com ênfase para as organizações quilombolas, organizações do movimento negro urbano e em estudos acadêmicos, o debate sobre sua implementação e sobre seus aspectos conceituais ganha fôlego. O termo quilombo, ou remanescente de quilombo, dado na Constituição, que fundamenta direitos territoriais, tem, portanto, significativamente ampliada a discussão sobre sua conceituação. Sai de uma perspectiva histórica de extinção, visão essa que aponta para o fim dos quilombos com a Lei Áurea, para a perspectiva de processo dinâmico e vivo, como fato do século XX e XXI.

Vários desses estudos refletiram sobre a dimensão identitária da categoria "quilombo", ou "remanescente de quilombo". Para além de uma identidade histórica que traz o termo "remanescente", quilombo expressa que esses sujeitos históricos presumíveis existam no presente e tenham como predicamento básico o fato de ocupar uma terra, que por direito deverá ser em seu nome titulada. Assim qualquer invocação ao passado deve corresponder a uma forma atual de existência, que pode se realizar a partir de outros sistemas de relações que marcam seu lugar em um universo social determinado[9].

Segundo Ilka Boaventura, faz-se importante considerar que o termo "quilombola" não emerge do nada, nem é fruto de imediatismos políticos. O rico debate proporcionado pelo processo constituinte, fruto da redemocratização do País, permitiu o ressurgimento dessas ideias. "As reivindicações dos movimentos sociais encontraram eco no parlamento e permitiram o resgate de lutas em favor do reconhecimento de direitos"[10].

As mobilizações quilombolas tiveram um grande crescente nas décadas de 1970 e 1980, em resposta ao acirramento da violência no campo e ao avanço da grilagem de terras. Elas dialogaram em muitos estados com a forte organização do movimento negro urbano. Os desdobramentos políticos dessas mobilizações incidiram no processo da Assembleia Constituinte.

---
[9] O'DWYER, Eliane Cantarino. Territórios Negros na Amazônia: práticas culturais, espaço memorial e representações cosmológicas. In: WOORTMANN, Ellen F. (Org.).*Significados da Terra*. Brasília, Ed. Universidade de Brasília, 2004.
[10] LEITE, Ilka Boaventura. *O legado do testamento:* a comunidade de Casca em perícia. Porto Alegre: Editora da UFRGS; Florianópolis: NUER/UFSC, 2004, p. 19.

Comunidades quilombolas mobilizadas de alguns estados (com destaque para Bahia, São Paulo, Maranhão e Pará), com o apoio de organizações do movimento negro, como o CCN (Centro de Cultura Negra do Maranhão) e o Cedenpa (Centro de Estudo e Defesa do Negro do Pará), estabeleceram articulações para a construção de uma proposta conjunta que desse conta dessa questão na Carta Magna. Essa articulação envolveu também setores da academia e organizações de base, como sindicatos e outros coletivos.

A proposta para que fosse reconhecido o direito das terras às comunidades remanescentes de quilombos foi, como resultado de um amplo processo de mobilização do movimento negro urbano, das comunidades negras rurais, de acadêmicos e de outras organizações, apresentada pelo movimento negro à Assembleia Nacional Constituinte, por meio de uma emenda de origem popular. Uma vez não alcançando o número mínimo de assinaturas, foi formalizada pelo então Deputado Carlos Alberto Cão (PDT/RJ), e teve a participação de outros parlamentares como Benedita da Silva (PT/RJ).

> De certo modo, o debate sobre a titulação das terras dos quilombos não ocupou, no fórum constitucional, um espaço de grande destaque e suspeita-se mesmo que tenha sido aceito pelas elites ali presentes, por acreditarem que se tratava de casos raros e pontuais, como o do Quilombo de Palmares.[11]

O processo de aprovação do Artigo 68 na Assembleia Constituinte, contou, todavia, também com um processo de oposição à efetivação desse direito no texto constitucional, o que aponta para o fato de que a oposição à regularização fundiária de territórios quilombolas não é um fato recente, como afirma Ilka Boaventura Leite:

> [...] Assim que foi promulgada a Constituição, quando o tema entrou em pauta nos debates, nas manchetes da imprensa brasileira, apareceram as primeiras reações desfavoráveis ou de nítido estranhamento ao Artigo 68. Essas reações vieram principalmente de setores mais conservadores, representados pelos latifundiários e "grileiros", que temiam uma drástica alteração no quadro de acesso e regularização fundiária de terras

[11] Idem, p.19.

no País; por lideranças governamentais, preocupadas com os recursos que seriam necessários às indenizações das terras já expropriadas das comunidades negras rurais; pelas instituições governamentais, supostamente responsáveis, disputando entre si a gerência desses recursos que deveriam ser destinados às indenizações. A estas reações seguiram-se outras, de viés "mais progressista", representadas pelos árduos defensores do arcabouço nacionalista de uma sociedade miscigenada – reacendendo a velha chama da democracia racial, reapresentando-se não mais como a posição assimilacionista dos modernistas, mas com nova roupagem pós-moderna da "nação hibridizada".[12]

Como ressalta a autora, são esses defensores da "democracia racial", que se juntam aos segmentos mais conservadores da sociedade, aos latifundiários e às grandes empresas para se oporem às políticas de ação afirmativa e às titulações das terras de quilombos, baseadas em um direito de grupos específicos, etnicamente fundado. São direitos, tal como descritos por esses grupos, tidos como "privilégios".

O texto do Artigo 68 dispõe que "Aos remanescentes das comunidades dos quilombos que estejam ocupando suas terras, é reconhecida a propriedade definitiva, devendo o Estado emitir-lhes títulos respectivos". O Artigo se caracteriza como norma de direito fundamental, não apresenta marco temporal quanto à antiguidade da ocupação, nem determina que haja uma coincidência entre a ocupação originária e atual.

O debate sobre a auto aplicação do Artigo 68 mobilizou diversos movimentos sociais, com ênfase para o movimento quilombola, além de especialistas sobre o tema. Os argumentos favoráveis à auto aplicação do Artigo 68 sustentam essa posição a partir de que esse Artigo é uma norma de aplicação imediata. Entretanto, com base em entendimentos contrários, foram apresentados nos últimos anos vários projetos de lei e decretos que tiveram como objetivo regulamentá-lo:

> Desde 1995, a gente apresentou ao Presidente da República da época documento exigindo a regularização de nossos territórios, com base no Artigo 68. Nesse mesmo ano, foram apresentados dois Projetos de Lei, um na Câmara, outro no Senado,

---
[12] Ibidem, p. 21-22.

que tratavam desse artigo 68. [...] A partir disso, a Coordenação Nacional de Quilombos encabeçou todo um processo de discussão nacional sobre a regulamentação do artigo 68. O que era dito para nós, é que o Artigo não era aplicável e nós defendíamos o contrário, que ele era auto-aplicável.[13]

Além do amplo debate sobre a sua auto aplicação, ganhou fôlego também a discussão sobre a dimensão interpretativa do artigo. O estabelecido no Art. 68, do ADCT consiste como "norma aberta", no sentido de que necessita de ampliação de seu entendimento a partir de outras perspectivas, tais como a das ciências sociais. Essa ampliação traz em si um exercício interpretativo e de atualização de conceitos, uma vez que há incompatibilidades estruturantes na definição colonial de quilombo com a vivência atual desses grupos sociais.

De acordo com Luiz Antônio Pedrosa[14], interpretar um ato normativo é colocá-lo no tempo, integrá-lo à realidade. Desse modo, o texto do dispositivo constitucional não pode ser simplesmente lido, mas necessariamente interpretado, a partir de elementos contemporâneos. Para interpretar essa realidade faz-se legítimo o recurso à contribuição teórica de outras disciplinas, como os estudos das ciências sociais, com ênfase na antropologia.

Após a entrada em vigor do Artigo 68 houve uma ampla discussão acerca de como categorizar as comunidades, de quem eram e como deveriam ser definidos seus territórios. Esse último aspecto tem uma relevância central nesse debate, pois o processo de regularização fundiária estabelece estreita ligação com essas definições.

A Constituição de 1988 e o Artigo 68 trazem à tona, no que concerne à dimensão fundiária, a necessidade de que o Estado brasileiro reconheça outros usos territoriais, para além da terra privada. O Artigo 68, bem como o Artigo 231 referente aos povos indígenas, atribui um *status* especial na legislação para territórios que se constituem em outra perspectiva, uma vez que o uso da terra no Brasil é bastante heterogêneo.

---

[13] Givânia Maria da Silva, Liderança Quilombola e integrante da CONAQ. Entrevista feita para pesquisa de mestrado da autora sobre o movimento quilombola, defendida em 2008.
[14] PEDROSA, Luis Antonio Câmara. Nota sobre as (in)constitucionalidades do Decreto 4887. In: *Revista de Direito Agrário*. Brasília, MDA/Incra/Nead/ABDA. Ano 20, n. 21, 2007.

A importância de se visibilizar na legislação brasileira os diferentes usos e lógicas territoriais se evidenciou a partir da dificuldade de órgãos oficiais em catalogar e classificar terras de uso comum, tais como as que são reivindicadas pelas comunidades negras rurais de diversas partes do País, como as de Frechal (Maranhão), Campinho da Independência (Rio de Janeiro) e as do Vale do Ribeira (São Paulo).

Alfredo Wagner de Almeida[15], pondera que as dificuldades na identificação das terras comunais ganharam destaque a partir do Cadastro de Glebas, realizado pelo INCRA no âmbito do Plano Nacional de Reforma Agrária, em 1985. O cadastro dispunha apenas de uma categoria genérica – "ocupações especiais" – para enquadrar todas as terras impropriamente documentadas e em que não havia propriedade individual. Desse modo, territórios de povos indígenas e de comunidades quilombolas não eram distinguidos, o que apontou para a necessidade de uma reformulação dos métodos cadastrais até então empregados. A Constituição de 1988 empreendeu uma adequação dessa questão, por meio do Artigo 68, conferindo direito especiais às terras quilombolas.

Há outros artigos constitucionais que fundamentam a aplicação dos direitos quilombolas, como é o caso dos Artigos 215 e 216, Seção II, da Carta Magna, que estabelecem:

> Art. 215. O Estado garantirá a todos o pleno exercício dos direitos culturais e acesso às fontes da cultura nacional, e apoiará e incentivará a valorização e a difusão das manifestações culturais.
>
> § 1º O Estado protegerá as manifestações das culturas populares, indígenas e afro-brasileiras, e das de outros grupos participantes do processo civilizatório nacional.
>
> § 2º A lei disporá sobre a fixação de datas comemorativas de alta significação para os diferentes segmentos étnicos nacionais.
>
> Art. 216. Constituem patrimônio cultural brasileiro os bens de natureza material e imaterial, tomados individualmente ou em conjunto, portadores de referência à identidade, à ação, à memória, dos diferentes grupos formadores da sociedade brasileira, nos quais se incluem:

---

[15] ALMEIDA, Alfredo W. B. de. *Terras de Preto, Terras de Santo, Terras de Índio – uso comum e conflito*. Cadernos NAEE, n. 10, 1989.

I – as formas de expressão;

II – os modos de criar, fazer e viver;

III – as criações científicas, artísticas e tecnológicas;

IV – as obras, objetos, documentos, edificações e demais espaços destinados às manifestações artístico-culturais;

V – os conjuntos urbanos e sítios de valor histórico, paisagístico, artístico, arqueológico, paleontológico, ecológico e científico.

§ 1º O poder público, com a colaboração da comunidade, promoverá e protegerá o patrimônio cultural brasileiro, por meio de inventários, registros, vigilância, tombamento e desapropriação, e de outras formas de acautelamento e preservação.

§ 3º A lei estabelecerá incentivos para a produção e o conhecimento de bens e valores culturais.

§ 4º Os danos e ameaças ao patrimônio cultural serão punidos na forma da lei.

§ 5º Ficam tombados todos os documentos e os sítios detentores de reminiscências históricas dos antigos quilombos.

Os Artigos 215 e 216 tratam da dimensão cultural das comunidades quilombolas e do direito à preservação de sua própria cultura. Aos artigos constitucionais se somam o Decreto 4.887, de 20 de novembro de 2003, a Instrução Normativa nº 57 do INCRA, em processo de revisão, e Convenções Internacionais ratificadas pelo Brasil, das quais se destaca a Convenção 169 da Organização Internacional do Trabalho (Genebra, 27 de junho de 1989) e a Convenção da UNESCO sobre Diversidade Cultural, de 2007.

É necessário fazer uma reflexão sobre as interpretações e concepções legais, posteriores ao Artigo 68, que muitas vezes tinham como fundamento o conceito colonial de "quilombo", o que não estabelecia necessariamente correspondência com as atuais formas de existir das comunidades quilombolas.

Doria[16] faz um apanhado dessas interpretações oficiais do que viriam a ser as comunidades quilombolas. De acordo com a Fundação Cultural Palmares - FCP, em texto tornado público no ano de 1993, quilombos são:

---
[16] DORIA, Siglia Zambrotti. *Confrontos discursivos sobre territórios no Brasil:* o caso das terras dos "remanescentes de quilombos". Tese de doutorado. Brasília, departamento de antropologia – Unb, 2001.

os sítios historicamente ocupados por negros e que hoje detém resíduos arqueológicos; os sítios historicamente ocupados por negros e que são possuidores de conteúdos culturais de valor etnográfico; as comunidades negras isoladas que contribuíram para a segurança das fronteiras, e para com o processo civilizatório nas diversas regiões do País.

A Procuradoria Geral da República, em documento publicado também em 1993, dispõe que: "são quilombos os territórios demarcados geograficamente e de ocupação contínua, de negros que viviam livres no interior da ordem escravocata".

Em meio aos debates presentes sobre quem seriam as comunidades quilombolas e em como processar a titulação de seus territórios, há uma crescente pressão para que o Estado implemente o disposto no Artigo 68, ADCT da CF. Em resposta às demandas por regularização fundiária, realizadas principalmente pelas comunidades quilombolas, o INCRA em 1995 inicia seus trabalhos, especialmente nas áreas de domínio público. Essa atuação se realiza em parceria com os Institutos de Terras Estaduais, em diálogo com a Fundação Cultural Palmares e o Ministério Público.

Nesse período, o INCRA não consolida sua atuação em relação aos procedimentos de regularização fundiária. Sinalização desse processo ocorre em 1999, quando a competência para titulação das terras de quilombo é atribuída à Fundação Cultural Palmares.

O instrumento legal que marca esse período e esse desenho administrativo é o Decreto 3912/2001, que legitima as comunidades também a partir de reminiscências arqueológicas. A ruptura com essa dimensão interpretativa do Artigo 68 e, por conseguinte, do conceito de comunidade quilombola se processa com a entrada em vigor do Decreto 4887/2003.

A definição de quem são as comunidades quilombolas, de acordo com o Decreto 4.887, de 20 de Novembro de 2003, aponta que:

> Consideram-se *remanescentes das comunidades dos quilombos* os grupos étnico-raciais, segundo critérios de auto-atribuição, com trajetória histórica própria, dotados de relações territoriais específicas, com presunção de ancestralidade negra relacionada com a resistência à opressão histórica sofrida.[17]

---

[17] Decreto nº 4887, de 20 de Novembro de 2003, Art. 2º.

Com relação à definição dos elementos que constituem o território quilombola, o Decreto dispõe que: "São terras ocupadas por remanescentes das comunidades dos quilombos as utilizadas para a garantia de sua reprodução física, social, econômica e cultural."[18]

O Decreto concebe as comunidades quilombolas como territórios de resistência cultural dos quais são remanescentes os grupos étnicos raciais que assim se identificam. Com trajetória própria, dotados de relações territoriais específicas, com presunção de ancestralidade negra relacionada com a luta contra a opressão histórica sofrida, esses grupos se autodeterminam comunidades de quilombos, dados os costumes, as tradições e as condições sociais, culturais e econômicas específicas que os distinguem de outros setores da coletividade nacional. O Decreto apresenta, portanto, uma dimensão de existência atual dessas comunidades.

A definição da territorialidade balizada em aspectos mais amplos que a dimensão econômica se faz presente também na Política Nacional de Desenvolvimento Sustentável dos Povos e Comunidades Tradicionais, instituída pelo Decreto 6.040 de 07 de fevereiro de 2007, que prevê, em seu art. 3º:

> os territórios tradicionais são espaços necessários à reprodução cultural, social e econômica dos povos e comunidades tradicionais, sejam eles utilizados de forma permanente ou temporária, observado, no que diz respeito aos povos indígenas e quilombolas, respectivamente, o que dispõem os arts. 231 da Constituição e 68 do Ato das Disposições Constitucionais Transitórias e demais regulamentações.

A Convenção nº 169 da Organização Internacional do Trabalho[19], outro importante instrumento que embasa o conceito legal de quilombos, foi ratificada pelo Congresso Nacional, por meio do Decreto Legislativo nº 143, de 20 de junho de 2002. Foi promulgada pelo Presidente da República, por meio do Decreto nº 5.051, de 19 de abril de 2004. O governo brasileiro depositou o instrumento de ratificação junto ao Diretor Executivo da OIT em 25 de julho de 2002. A Convenção

---
[18] Decreto nº 4887, de 20 de Novembro de 2003, Art. 2º, § 2º.
[19] Genebra, 27 de junho de 1989.

entrou em vigor em âmbito internacional em 5 de setembro de 1991 e, no Brasil, em 25 de julho de 2003. Foi recepcionada pelo ordenamento jurídico brasileiro como lei ordinária, de acordo com o art. 5°, § 2°, da Constituição Federal de 1988.

A Convenção 169 da OIT traz como um de seus pontos centrais, também incorporado pelo Decreto 4887/2003, a dimensão da autodeterminação:

> Artigo 1°, Convenção n° 169 da OIT:
>
> 2. A consciência de sua identidade indígena ou tribal deverá ser considerada como critério fundamental para determinar os grupos aos que se aplicam as disposições da presente Convenção.
>
> Em diálogo com a Convenção da OIT, o Decreto 4.887/2003 define, portanto, como critério para identificar os remanescentes de quilombos a auto-atribuição. De acordo com o parágrafo 1°, Artigo 2°, do Decreto 4887/2003, a identificação das comunidades se processa da seguinte maneira:"§10Para os fins deste Decreto, a caracterização dos remanescentes das comunidades dos quilombos será atestada mediante *autodefinição*[20] da própria comunidade".

A compreensão das comunidades quilombolas passa, no sentido atual de existência, pela superação da identificação dos grupos sociais por meio de características morfológicas. Tais grupos não podem ser identificados a partir da permanência no tempo de seus signos culturais ou por resquícios que venham a comprovar sua ligação com formas anteriores de existência. Argumentações teóricas que caminhem nesse sentido implicam em uma tentativa de fixação e enrijecimento da concepção das comunidades quilombolas.

A perspectiva da auto definição dialoga com os critérios postos pelos próprios grupos, a partir de suas dinâmicas e de seus processos atuais. Portanto, é uma dimensão que foca no existir atual e se relaciona com a perspectiva de grupo etnicamente diferenciado, tais como são concebidas as comunidades quilombolas. Aproxima-se, também, da

---
[20] Grifo meu.

ideia de diferença e de diversidade. De acordo com Pedrosa[21], o direito à diferença é o correspondente implícito do direito à igualdade, princípio constitucional relevante para o Estado Democrático e de Direito. Afirmar as diferenças significa perseguir a igualdade entre os grupos. Nesse princípio se fundam as ações afirmativas.

Essa ruptura tem alicerce na concepção e na afirmação de que o Estado brasileiro é pluriétnico. Os conceitos dispostos nos instrumentos que se somam ao Artigo 68, tais como os Decretos 4887/2003, 6040/2007 e a Convenção 169 da OIT, apresentam essa perspectiva.

O movimento quilombola teve participação estreita nas legislações que objetivaram a regulamentação do Artigo 68, sobretudo em relação ao Decreto 4887/2003. O marco dessa mobilização posterior ao Art. 68 foi o ano de 1995, quando é criada a Comissão Nacional de Comunidades Quilombolas, durante o I Encontro Nacional de Comunidades Quilombolas, parte da Marcha Zumbi dos Palmares. Givânia Maria da Silva, liderança quilombola de Conceição das Crioulas e fundadora da CONAQ, relata esse processo:

> A partir da criação da Comissão Nacional de Quilombos, esta assumiu o dialogo e a construção do debate sobre temática do direito à terra. Em 1995, a gente apresentou um documento exigindo o nosso direito à regularização das terras, com base no artigo 68 da Constituição Federal. Nesse mesmo ano, foram apresentados dois Projetos de Lei, um na Câmara, outro no Senado, que tratavam desse Artigo 68. Um era do deputado federal Alcides Modesto (PT-BA) e o outro era da única senadora negra da história do Brasil, Benedita da Silva. Em seguida, o deputado juntou os dois projetos e, a partir disso, começou um processo de discussão nacional. Os deputados defendiam que o artigo não era aplicável e nós defendíamos o contrário.[22]

Esse processo de mobilização do movimento quilombola e de parlamentares teve como primeiro resultado, no que diz respeito

---
[21] PEDROSA, Luis Antonio Câmara. Nota sobre as (in) constitucionalidades do Decreto 4887. In: *Revista de Direito Agrário*. Brasília, MDA/Incra/Nead/ABDA. Ano 20, n. 21, 2007.
[22] Entrevista feita para pesquisa de mestrado da autora sobre o movimento quilombola, defendida em 2008.

à legislação de âmbito federal, o Decreto 3.912/2001. Esse Decreto, contudo, não correspondia às demandas do movimento quilombola de forma ampla, conforme destaca Givânia Silva:

> Desse processo de debate no parlamento, foi elaborado e aprovado o decreto 3912, e nós éramos contra o seu conteúdo. Estabelecemos, a partir daí, que qualquer diálogo com o Governo só era possível com a anulação desse Decreto. O Governo não acatou e a Fundação Cultural Palmares se configurou como único órgão do Brasil que poderia tratar do processo de regularização fundiária. Nós fomos contra, porque quem tem que regularizar terra é o órgão responsável pelo tema, ou seja, o INCRA.[23]

Esse processo de luta do movimento quilombola para a construção de novo parâmetro jurídico que regulamentasse o Artigo 68 avança no sentido da autodeterminação no início da nova gestão do Governo Federal, em 2003. Givânia Silva também comenta esse período:

> Realizamos uma grande luta contra esse Decreto [3912/2001], que permaneceu até o governo do presidente Lula[24]. Dialogamos com a Ministra da SEPPIR[25], e falamos que o único jeito de estabelecermos diálogo com o governo seria com a anulação do Decreto. O presidente Lula criou um grupo de trabalho interministerial para construir um novo decreto. Ele [o Decreto 4887/2003] foi publicado em novembro de 2003, e cria um novo instrumento de regularização de terras. A responsabilidade pela regularização passa a ser exercida pelo INCRA, a [Fundação Cultural] Palmares passa a emitir a certificação e a SEPPIR fica com a coordenação da política [voltada às comunidades quilombolas].[26]

Em relação ao processo de concepção do Decreto 4887/2003, cabe destacar que isso se deu por meio do grupo de trabalho do qual faziam parte diversos ministérios, além da Advocacia Geral da União, integrantes do movimento quilombola, representados pela Conaq, e especialistas no tema, com especial ênfase para a área jurídica e antropológica.

---

[23] Idem.
[24] O primeiro mandato do Presidente Luiz Inacio Lula da Silva teve início em 2003.
[25] Matilde Ribeiro, então Ministra da Secretaria Especial de Políticas de Promoção da Igualdade Racial, vinculada à Presidência da República.
[26] Entrevista feita para pesquisa de mestrado da autora sobre o movimento quilombola, defendida em 2008.

O Grupo de Trabalho, instituído em 13 de maio de 2003 pelo Governo Federal, teve como finalidade rever as disposições contidas no Decreto 3912/2001 e propor nova regulamentação ao reconhecimento, delimitação e titulação das terras de remanescentes de quilombos. Concluídos os trabalhos do referido Grupo, foi editado o Decreto nº 4887, de 20 de novembro de 2003.

Esse instrumento legal substituiu o Decreto nº 3.912, de 2001 e regulamentava a Lei nº 7.668, de 1988. Como mencionado por Givânia Silva, no Artigo 2º dessa Lei[27], era atribuído à Fundação Cultural Palmares a identificação dos remanescentes das comunidades dos quilombos, a realização do reconhecimento, da delimitação e da demarcação das terras por eles ocupadas, bem como proceder a correspondente titulação. Com o Decreto 4887/2003, a atribuição para a titulação dos quilombos passa da FCP para o INCRA.

O Decreto nº 3.912/2001 foi revogado pelo Decreto nº 4.887/2003 em razão das várias críticas acerca da sua inconstitucionalidade. Dentre os pontos presentes em seu texto que se constituíam como inconstitucionais, está a adoção de critérios temporais para definir as terras pertencentes aos remanescentes de quilombos.

No parágrafo único do Artigo 1º, o Decreto 3.912/2001 aponta que somente poderia ser reconhecida a propriedade sobre terras das comunidades que eram ocupadas por quilombos em 1888 e aquelas ocupadas por remanescentes das comunidades dos quilombos em 5 de outubro de 1988[28].

> O equívoco do decreto aqui [no art. 1.º, parágrafo único, incs. I e II] é evidente e não consegue salvar-se nem com a melhor das boas vontades. Do ponto de vista histórico, sustenta-se a formação de quilombolas ainda após a abolição formal da escravatura, por (agora) ex-escravos (e talvez não apenas por estes) que não tinham para onde ir ou não desejavam ir para outro lugar. Então, as terras em questão podem ter sido ocupadas por quilombolas depois de 1888. Ademais, várias razões poderiam levar a que as terras de quilombos se encontrassem, em 1888, ocasionalmente

---

[27] Redação dada pela MP nº 2.216-37, de 31 de agosto de 2001.
[28] Vide íntegra dos Decretos 3.912/2001 e o 4.887/2003 nos Anexos.

desocupadas. Imagine-se um quilombo anterior a 1888 que, por violência dos latifundiários da região, houvesse sido desocupado temporariamente em 1888, mas voltasse a ser ocupado logo em seguida (digamos, em 1889), quando a violência cessasse. Então, as terras em questão podem não ter estado ocupadas por quilombolas em 1888. Tão arbitrária é a referência ao ano de 1888 que não justifica sequer a escolha em termos amplos, haja vista que a Lei Áurea é datada de 13 de maio: fevereiro de 1888 não seria mais defensável do que dezembro de 1887. Não fosse por outro motivo, essa incursão no passado traria sérias dificuldades de prova, e seria um despropósito incumbir os remanescentes das comunidades dos quilombos (ou qualquer outro interessado) de demonstrar que a ocupação remonta a tanto tempo.[29]

A identificação das comunidades quilombolas não deve se dar por meio da busca de provas arqueológicas e temporais. Contemporaneamente, o termo quilombo não se refere a resíduos ou resquícios arqueológicos de ocupação temporal ou comprovação biológica. Não se trata de grupos isolados ou de uma população estritamente homogênea.

De acordo com O'Dwyer[30], os quilombos atualmente não se caracterizam como resíduos de organizações sociais do passado. O que é importante destacar dessa discussão é que as comunidades quilombolas não podem ser definidas em termos biológicos ou raciais, mas como condições sociais que se assentam na posse e usufruto em comum de um dado território e na preservação e reelaboração de um patrimônio cultural e uma identidade própria.

Em relação ao processo de formação das comunidades, O'Dwyer[31] ressalta que essas comunidades nem sempre foram constituídas a partir de movimentos insurrecionais rebelados, mas, sobretudo, consistem em grupos que desenvolveram práticas de resistência na manutenção e reprodução de seus modos de vida característicos em um determinado lugar.

O aspecto do dinamismo do conceito de quilombo e de sua ressemantização e construção a partir da lógica dos próprios grupos é

---

[29] Procurador da República Walter Claudius Rothemburg.In: SUNDFELD, Carlos Ari. *Comunidades Quilombolas: direito à terra*.Brasília, Fundação Cultural Palmares/MinC/Editorial Abaré, 2002. p. 72.

[30] O'DWYER, Eliane Cantarino. Remanescentes de Quilombos na Fronteira Amazônica: A Etnicidade como Instrumento de Luta pela Terra. In: O'DWYER, Eliane Cantarino (Org.). *Terra de Quilombo*. Rio de Jeniro, Associação Brasileira de Antropologia, 1995.

[31] Idem.

relevante. Briones[32] aponta para a abrangência que a noção de "aborígene" pode ter. São centenas de povos e contextos bastante distintos que são incorporados na categoria "aborígene" ou "indígena". Como na discussão que ora apontamos para a questão quilombola, Briones salienta que:

> Por um lado, mesmo que distintos países tenham indígenas, não é a mesma coisa ser índio na Argentina, no Brasil e nos Estados Unidos. As condições de reprodução material e de existência dos povos indígenas variam de país a país, não só em termos socioeconômicos, como também em relação ao reconhecimento, representação, jurisdição de sua alteridade.[33]

Qualquer menção a uma fixidez do termo de quilombo, tal como o de indígena e aborígene, aponta para um sentido reducionista e até certo modo evolucionista. Em relação ao Artigo 68, da Constituição, há muita discussão sobre a sua implementação e sobre os elementos que ele aponta, com vistas a desconstruir qualquer interpretação enrijecida do conceito de quilombo.

Conceitos têm uma historicidade própria. Longe de congelados, têm significados diferentes em momentos distintos. Um conceito de definição congela algo que não pode ser fixado, tal como a categoria de quilombo. Ter uma categoria de quilombo estática reproduz, de certo modo, a mesma ótica do século XVIII. As ressemantizações e remodelagens são importantes para estruturar a ideia conceitual de quilombo.

Mesmo a definição de época exige reparos. Embora tenha sido produzida durante o século XVIII pelo Conselho Ultramarinho, como argumenta Almeida[34], e se popularize e se estabeleça como senso comum, cumpre lembrar que ela contém a visão do colonizador, empenhado na repressão a qualquer possibilidade de autonomia das comunidades quilombolas no País.

---

[32] BRIONES, Claudia. *Mestizaje y blanqueamiento como coordenadas de aboriginalidad y nación em Argentina*. Runa XXIII, p. 61-88, 2002.
[33] A tradução da autora. BRIONES, Claudia. *Mestizaje y blanqueamiento como coordenadas de aboriginalidad y nación em Argentina*. Runa XXIII, p. 61-88, 2002. p. 2.
[34] ALMEIDA, Alfredo W. B. de. Os Quilombos e as Novas Etnias. In: O'DWYER, Eliane Cantarino. *Quilombos:* Identidade Étnica e Territorialidade. Rio de Janeiro, Editora FGV, 2002.

O aspecto do isolamento, tão arraigado no senso comum e reflexo dos resquícios das legislações coloniais, é contraposto em diversos estudos sobre as comunidades quilombolas. Dos vários estudos que abordam o tema, destaco Gomes[35], que é enfático em afirmar que a relação dos quilombos com a sociedade envolvente, e não o seu isolamento, explica sua formação e sobrevivência.

O trabalho de Flavio Gomes[36] apresenta uma revisão bibliográfica sobre o tema. Um dos estereótipos contestados pelo trabalho é a inexistência de quilombos como ilhas de África no Brasil. Essas comunidades são frutos de relações interétnicas bastante intensas, que se refletiam e se refletem inclusive em sua composição. Muitos, como Conceição das Crioulas (PE), tem em sua composição também povos indígenas. Outros trazem registros de brancos pobres ou desertores que se uniram aos negros nos quilombos.

Novamente cabe lembrarmos o caso de Palmares. Os registros sinalizam para a existência de múltiplas proveniências dos atores ali presentes. Faziam-se presentes negros escravizados fugidos, indígenas, além de desertores e outros brancos.

Além disso, as dinâmicas sociais, culturais e econômicas presentes na constituição das comunidades se expressam por uma multiplicidade de fatores presentes no contexto nacional e nas estratégias dos próprios grupos, o que torna a ideia de ilhas de África no Brasil bastante contestável.

No que concerne à dimensão do isolamento, faz-se importante reforçar que muitos desses quilombos encontravam-se em torno de cidades, nas suas áreas suburbanas. Mesmo naquelas comunidades que estavam em localidades mais longínquas, o comércio e as trocas com centros urbanos e fazendas foram práticas presentes.

Um dos casos que contrapõe a noção de que os quilombos eram lócus isolados e situados em rincões, é a presença de muitas dessas comunidades próximas aos centros urbanos. É o caso, por exemplo,

---

[35] GOMES, Flávio dos Santos e REIS, João José (Orgs.).*Liberdade por um fio:* História dos Quilombos no Brasil. São Paulo: Companhia das Letras, 2000.
[36] Idem.

das existentes em Porto Alegre, Rio de Janeiro e Salvador. Em relação a Porto Alegre, Mário Maestri afirma que:

> os quilombos teriam sido freqüentes nas cercanias dos principais centros urbanos – Rio Pardo, Porto Alegre, Rio Grande [...] Os escravos fugidos seriam um problema para Porto Alegre. Nos morros que cercavam a vila e nas ilhas próximas do Guaíba devem ter havido pequenas concentrações de fujões, conforme nos demonstram os documentos da Câmara da época.[37]

O Rio de Janeiro também traz histórias de composição de quilombos em seu perímetro urbano. A comunidade de Sacopã surge no fim do período da escravidão, por volta do ano de 1880. O casal Maria Rosa da Conceição do Carmo e Manoel Pinto fugiu de uma fazenda de café em Friburgo (140 km a nordeste do Rio de Janeiro) e se assentou no quilombo da Catacumba, que ficava a poucos quilômetros de onde se encontra Sacopã. Catacumba, posteriormente, se transformou em uma das maiores favelas do Rio de Janeiro. De lá o casal se refugiou no Morro da Saudade, no bairro Lagoa Rodrigo de Freitas, no Rio de Janeiro.

> Meus avós já eram mestiços de africano com português e ficaram bem escondidos em uma caverna, encravada no morro, no meio da mata. Quando exatamente chegaram aqui, eu não sei. Ficávamos assentados a 200, 300 metros mais acima. Mas só aqui neste lugar estamos há 105 anos.[38]

Na década de 1960, na gestão do então governador Carlos Lacerda, houve uma ampla ação para remoção das favelas. Essa ação impactou diversas comunidades, incluindo Catacumba, e abriu espaço à ampla especulação imobiliária. Nesse período, a ação também se voltou para pequenas comunidades quilombolas, como Sacopã, mas devido à mobilização dessa comunidade foi possível permanecer. Luis Sacopã comenta esse período: "*Nesta época comecei a liderar o movimento de resistência*".

Como já destacado, além da comunidade de Sacopã, muitas outras também estão próximas ou mesmo em perímetro urbano. A

---
[37] MAESTRI, Mário. *Pampa negro: Quilombos no Rio Grande do Sul*. In: *Liberdade por um fio: História dos Quilombos no Brasil*. GOMES, Flávio dos Santos e REIS, João José (Orgs.). São Paulo: Companhia das Letras, 2000, p. 323.
[38] Luís Sacopã, liderança da comunidade. Entrevista feita para pesquisa de mestrado da autora sobre o movimento quilombola, defendida em 2008.

dimensão do isolamento, portanto, não dialoga com a realidade de parte das comunidades, e sua consideração enquanto critério para se pensar a categoria quilombo se torna um tanto arbitrária.

Outro elemento vital nesse debate é a não existência de fixidez territorial histórica em muitos desses grupos. A mobilidade demográfica das comunidades e dos acampamentos foi uma constante em alguns casos. A comunidade Frechal, Maranhão, é simbólica nesse sentido. Está hoje situada a cerca de cem metros da casa grande. Entretanto, já promoveu uma mobilidade ampla, a partir da conjuntura e das possibilidades de cada período.

> As comunidades quilombolas na época se afastavam, se distanciavam o máximo possível da casa grande, por proteção. Por isso que sai o capitão do mato, ele ia apanhar os quilombolas. Quando a política do Brasil vai tomando um novo rumo, que a escravidão vai tendo suas quedas e os fazendeiros vão tendo suas quedas nos seus produtos, o que o quilombola fica fazendo lá na ponta? Qual é o objetivo do quilombola, não é voltar para aonde está o seu povo? Então o quilombo não era fixo, era aonde era possível se instalar. Tiveram muitos que se instalaram longe e depois voltaram a se instalar em locais mais próximos. Assim que os fazendeiros foram caindo, os quilombolas foram se aproximando da casa grande. Com Frechal aconteceu isso, foi se aproximando da casa grande. Mas apesar de estar próximo, ninguém consegue ficar na casa grande, pra comunidade ela parece um monstro.[39]

De acordo com Almeida[40], nos séculos XVIII e XIX o projeto político era voltado para que os quilombolas retornassem para dentro das grandes plantações. Houve uma desterritorialização dos acampamentos de muitos quilombos. Portanto, no local atual de várias das comunidades quilombolas não é possível encontrar vestígios ruiniformes, mas é onde os agentes sociais estão. No século XIX, se os quilombolas se encontravam em locais distantes, foram aquilombando a Casa Grande,

---

[39] Ivo Fonseca, liderança da comunidade de Frechal e fundador da CONAQ. Entrevista feita para pesquisa de mestrado da autora sobre o movimento quilombola, defendida em 2008.
[40] ALMEIDA, Alfredo W. B. de. *O Projeto Vida de Negro como Instrumento de Múltiplas Passagens*. In: Vida de Negro no Maranhão: Uma Experiência de Luta, Organização e Resistência nos Territórios Quilombolas. Coleção Negro Cosme – Vol. IV. São Luis, SMDH-CCN/MA-PVN, 2005.

pois com as falências de muitas fazendas o grande proprietário abandonou suas terras. Esse processo ocorreu, por exemplo, em Frechal e Alcântara.

Ronaldo Santos, liderança da comunidade Campinho da Independência e integrante da CONAQ, relata em sua comunidade dinâmica semelhante de ocupação na fazenda, no período de falência dos grandes proprietários:

> A comunidade [Campinho da Independência] foi formada por três mulheres, ainda no período da escravidão. [...] Parati [local onde está situada a comunidade] era uma região importante, com um porto importante de escoamento. Inclusive até hoje tem a rota de escoamento do ouro de Minas Gerais para Parati. Então era uma rota importante para a economia. Teve um período de quebra dessa economia, muitas fazendas faliram. Parati tinha então mais de 200 engenhos de cachaça. Houve um período de falência das fazendas e a terra da fazenda Independência foi doada pra vovó Antonica, Tia Marcelina e Tia Luiza, que eram as três escravas da casa grande.[41]

A percepção das residências reflete também a necessidade de mobilidade, que caracterizou muitas das comunidades quilombolas ao longo de sua história:

> O quilombo era isso, estava aqui armava sua barraca hoje. Se amanhã, o senhor de escravo aparecesse, mandava acabar. A casa para nós não tinha tanto valor, pois a qualquer hora era tocado fogo na casa. Até hoje, se você constrói uma casa de alvenaria no interior ninguém entende. [Perguntam:] Mas o que passa na mente dele? Não tem nada de importante pra ele fazer uma casa dessa no interior, agora imagina na época da escravidão. Nós não tínhamos terra, éramos escravos, vivíamos nos escondendo, não tínhamos estabilidade para construir uma casa. Será que essa cultura acabou assim? Tem comunidades que você constrói casas de alvenaria, mas no fundo da casa está a casinha dele, de barro, que é aonde ele mora. Porque aquilo é que é a cultura dele.[42]

A dimensão do isolamento ao se pensar as comunidades quilombolas remete a uma situação que não reflete o processo de muitas

---
[41] Entrevista feita para pesquisa de mestrado da autora sobre o movimento quilombola, defendida em 2008.
[42] Ivo Fonseca, Maranhão. Idem.

comunidades e reproduz a construção da ideia de quilombo do séc. XVIII, época em que surge em documentos oficiais a percepção de que quilombo é um agrupamento isolado, situado em espaço longínquo, remoto.

Cabe, portanto, uma problematização desse conceito de quilombo, que por vezes traz em sua interpretação resquícios do conceito colonial. Pode-se perceber a amplitude de processos históricos, políticos e sociais que permeiam a constituição dessas comunidades, o que deve se refletir, portanto, na dimensão que esse conceito pode ter.

O grande desafio hoje colocado é a busca pela real superação dos reflexos das legislações e conceitos do Brasil Colônia e Império, que tinham como sustentação econômica, cultural e social o racismo e a violência contra os africanos e seus descendentes, bem como contra suas expressões organizativas, culturais e simbólicas. Esses conceitos dos séculos XVII, XVIII e XIX ainda se fazem presentes em interpretações e ações de alguns gestores, operadores do direito, acadêmicos e meios de comunicação. Os esforços para a construção de um real Estado de Direito passam fundamentalmente por esse exercício árduo de reconhecimento da pluralidade em seus aspectos mais profundos.

## 2.1 Tensão e Conflito nos Territórios Quilombolas

Em muitas comunidades quilombolas, nas várias regiões do País, se faz presente uma grave situação de vulnerabilidade e insegurança. Essa situação se relaciona, em grande parte, com o conflito pela posse das terras por elas ocupadas e também pela precariedade do acesso à infraestrutura básica, necessária para a efetivação de condições de vida dignas. Os reflexos estão expressos, por exemplo, na não efetivação do processo de regularização fundiária da grande maioria dos territórios quilombolas, na falta de acesso à água potável, saneamento básico e demais públicas, como as de educação e saúde.

Acredito que o elemento que cause maior impacto para as comunidades seja a titulação dos seus territórios. É a principal reivindicação do movimento quilombola, e é a partir do território que a comunidade constrói suas perspectivas educacionais, de saúde, de sustentabilidade, enfim, seus aspectos sociais, culturais, econômicos e históricos.

Os presentes conflitos de terras que envolvem as comunidades quilombolas não estão restritos a uma localidade, a comunidades com determinado nível de organização política ou a territórios com características específicas. Em todas as regiões, nas mais diferentes conjunturas, se apresentam graves conflitos fundiários. Os principais fatores dessa situação se relacionam à sobreposição dos interesses territoriais das comunidades com os do agronegócio, do mercado de terras e das elites políticas regionais e nacionais. Outro elemento que complexifica essa situação de conflito é a pouco efetivação da titulação das terras das comunidades quilombolas por parte dos órgãos governamentais responsáveis pela sua implementação.

Esses são elementos que constituem uma constante ameaça ao direito à terra, expressa nos permanentes processos expropriatórios que se concretizam por ordens de despejo, deslocamento forçado ou outras formas de perda da posse da terra por parte das comunidades.

Abordo, a seguir, o que entendo serem os principais elementos que fomentam situações de conflito nas comunidades quilombolas. Várias são iniciadas por grilagem de terras, muitas vezes com ações intimidatórias e violentas impetradas por grandes proprietários interessados em apossar-se das áreas ocupadas pelas comunidades. A sobreposição dos territórios das comunidades com títulos privados de propriedade e a incidência de alguns territórios quilombolas em áreas de unidades de conservação ambiental, em terras indígenas, em regiões de fronteira e em outras áreas concebidas como de segurança nacional também são outros fatores que contribuem para agravar a situação de conflito.

Demais tensões se dão pela implementação de projetos oficiais de grande impacto, como barragens, expansão da fronteira agrícola, construção de estradas e rodovias e desapropriações para usos privados. Dois territórios são emblemáticos nesse tema, nos quais foram implementados projetos oficiais que tiveram grande impacto para as comunidades: Ilha de Marambaia, no Rio de Janeiro, onde está instalada uma base da Marinha desde a década de 1970, em sobreposição ao território da comunidade de Marambaia; e Alcântara, Maranhão, onde foi instalado o Centro de Lançamento Espacial, que provocou o deslocamento forçado de enorme número de famílias quilombolas e proporcionou uma grave situação de conflito.

Muitas dessas tensões resultam em situações de homicídios, ameaças de morte, perseguição e violência contra os moradores, destruição de suas roças e do plantio por queimadas criminosas ou outras ações diretas de terceiros, além de ampla mobilização para invalidar as legislações voltadas para a regularização fundiária dos territórios quilombolas. Esses elementos debilitam severamente a sustentabilidade das comunidades quilombolas em seus territórios e as expõem a uma conjuntura de vulnerabilidade bastante acentuada.

A grande demora e a pouca materialização na emissão dos títulos das terras das comunidades fomenta as tensões nos territórios e nos contextos políticos mais amplos. Essa demora potencializa o conflito entre os vários sujeitos envolvidos e oxigena os embates e a organização daqueles que se opõem à efetivação dos direitos das comunidades. Como resultado disso, se estende a insegurança da garantia do território e a exposição da comunidade aos conflitos.

Os últimos anos trazem de concreto avanços do ponto de vista legal em relação à regulamentação do Artigo 68. Esse avanço tem na substituição do Decreto 3912/2001 pelo Decreto 4887/2003 um símbolo dessa luta, especialmente pela participação do movimento quilombola e de diversos especialistas. Esse Decreto em vigência atualmente tem como um de seus objetivos principais "regulamentar o procedimento de identificação, demarcação e titulação das comunidades remanescentes de quilombos no País".

Os avanços consideráveis do ponto de vista legal existentes na gestão do Governo Federal, a partir de 2003, todavia, não se concretizaram com a dinâmica esperada. Ainda é extremamente morosa a implementaçãodas políticas voltadas às comunidades quilombolas, especialmente as de caráter fundiário, o que complexifica a situação de vulnerabilidade desses grupos.

De acordo com os dados oficiais, hoje existem 384 títulos de terras das comunidades quilombolas emitidos, que relacionam-se a 396 comunidades[43]. Uma parcela desses títulos que foi emitida pela Fundação Palmares não tem efetividade na prática, por não ter havido o processo de desintrusão para assegurar a posse. A FCP emitiu 16 títulos, abarcando 347.637,17 hectares, voltados a 28 comunidades, nos estados do Amapá, Bahia, Goiás, Minas Gerais, Mato Grosso do Sul, Mato Grosso, Pará, Pernambuco, São Paulo e Sergipe. Em um processo ainda muito moroso, o INCRA atua em algumas das comunidades já tituladas pela FCP, como Kalunga em Goiás, para efetivar a desintrusão. As maiores concentrações dos títulos emitidos para quilombos no país estão nos estados do Pará e do Maranhão, e foram emitidos por órgãos estaduais.

O papel da certificação, de acordo com o Decreto 4887/2003 é oficializar o auto reconhecimento da comunidade quilombola. Reza o Artigo 3º, §4º desse Decreto: "A autodefinição de que trata o §1o do art. 2o deste Decreto será inscrita no Cadastro Geral junto à Fundação Cultural Palmares, que expedirá certidão respectiva na forma do regulamento".

Mesmo se configurando como um documento administrativo simples, as certificações muitas vezes são empreendidas com demorados processos. A certidão de Alcântara, Maranhão, por exemplo, levou cerca de doze meses para ser emitida.

Fazendo uma análise dessa conjuntura, se a certificação, que se caracteriza como um procedimento relativamente simples, tem, na prática, se prolongado excessivamente, o processo de regularização fundiária, que possui uma complexidade bastante maior, tem um progresso realmente moroso. Somando-se todos os processos atualmente abertos de regularização fundiária nas Superintendências Estaduais do INCRA, eles chegam a cerca de 1.937[44]. Na prática, contudo, são poucos os que efetivamente estão sendo executados. Grande parte dessa conjuntura se deve às limitações estruturais do órgão para atuar com essa questão e às crescentes pressões políticas para que se

---

[43] Fonte: INCRA. Disponível em: <www.incra.gov.br>. Acesso em: 10 jan. 2025.
[44] Idem.

estanquem os processos. Se são poucos os que estão sendo executados, menos ainda são os concluídos.

O panorama que permeia as comunidades quilombolas é complexificado com as ações de contestação dos instrumentos legais que balizam o processo de regularização fundiária. No âmbito do poder legislativo, foram apresentados por diversos Deputados Federais projetos de lei que tem como objetivo inviabilizar, do ponto de vista legal, a titulação das terras quilombolas. Destaco alguns deles: Projeto de Decreto Legislativo 44/2007, de autoria do Deputado Valdir Colatto (PMDB/SC), que pretende suspender a aplicação do Decreto 4.877/2003; e a Proposta de Emenda Constitucional - PEC 215, que visa transferir para o Congresso Nacional a competência para a demarcação de terras indígenas e a regularização fundiária de territórios quilombolas.

No que concerne ao judiciário, foi julgada a Ação Direta de Inconstitucionalidade n° 3.239-9600-DF, de 25 de junho de 2004, impetrada pelo então Partido da Frente Liberal, hoje denominado Democratas. A ação teve como foco a tentativa de tornar inconstitucional o Decreto 4887/2003. O julgamento teve início em 18 de abril de 2012, quando o então relator da matéria, ministro Cezar Peluso, votou pela inconstitucionalidade do Decreto. O ministro, em seu voto, acolheu a tese defendida pelo DEM e ressaltou que o Artigo 68 só pode ser regulamentado por uma lei específica, não por um decreto. Questionou, também o critério da "auto identificação", assegurado pelo Convenção 169 da OIT e pelo Decreto 4887/2003. O julgamento foi suspenso pelo pedido de vista da ministra Rosa Weber.

Em 25 de março de 2015, a ministra Weber apresenta o seu voto a favor da Constitucionalidade do Decreto, mas defendeu a necessidade de um "marco temporal" para o reconhecimento da titulação: apenas comunidades na posse de seus territórios em 5 e outubro de 1988, data da promulgação da Constituição, teriam direito à titulação. Em 08 de fevereiro de 2018, ocorreu o término do julgamento da ADI 3239 contra o Decreto 4.887/2003. Em contraponto às posições anteriores, a maioria dos ministros proferiu votos que considerou a efetividade do Decreto para a implementação da garantia do direito fundamental de regularização dos territórios quilombolas. Essa foi uma das conquistas do movimento quilombola na história mais recente do Brasil.

Além da ação já julgada no Supremo Tribunal Federal, há diversas outras ações judiciais em curso que buscam embargar processos de regularização fundiária de diversas comunidades quilombolas no País. Com base em uma dessas ações, foi suspenso, o processo de regularização fundiária executado pelo INCRA da comunidade quilombola de Linharinho, no Espírito Santo. O processo da comunidade referida foi retomado, ainda no aguardo da conclusão dessa efetividade.

Em relação aos meios de comunicação, grandes veículos também têm fomentado o debate sobre os direitos das comunidades quilombolas, do ponto de vista de sua inconstitucionalidade e ilegalidade. No período de 2007 e 2008, alguns exemplos midiáticos marcam esse processo[45].

No cenário nacional, a questão quilombola é invisibilizada nos anos posteriores à Lei Áurea, de 1888. É retomada de modo tímido e incipiente um século mais tarde durante a Assembleia Nacional Constituinte, uma vez que o debate sobre essa questão não teve grande repercussão no parlamento, nem tampouco nos grandes meios de comunicação, conforme já discutido. Os grandes debates sobre o tema são realizados em instâncias articuladas dos movimentos negros urbanos, de especialistas, acadêmicos, e do movimento quilombola, mas não atingem, nesse momento, o grande público.

Da perspectiva, no senso comum, de que os quilombos eram organizações sociais extintas, essas comunidades, para o grande público, ressurgiram no final do século XX e princípio do XXI como organizações sociais reais e atuais, ao figurarem nas primeiras páginas de jornais e revistas de todo o País como os vilões de uma "reforma agrária paralela"[46].

O critério de auto identificação, estabelecido pelo Decreto 4887/2003 e pela Convenção 169 da OIT, ratificada pelo Brasil em 2004, é um dos principais alvos. As matérias de diversos veículos trazem essa abordagem. Destacarei, aqui, o editorial de *O Estado de São*

---

[45] Reportagens veiculadas pelo Jornal Nacional, da Rede Globo, nos dias 14 e 15 de maio de 2007 trazem essa perspectiva de contestação da ocupação de quilombos na região do Recôncavo, na Bahia, e em Marambaia, no Rio de Janeiro, e questionam inclusive a própria identidade quilombola. Cito alguns outros exemplos, como a Revista de História da Biblioteca Nacional, edição de março de 2007; Revista Veja, edição de 04 de abril de 2007; Diversos artigos de jornais como Folha de São Paulo, Estado de São Paulo de 2007 e 2008.

[46] Revista Exame, em matéria veiculada no dia 12 de julho de 2007: "Apartheid no campo: A nova política de desapropriação de terras para os quilombolas gera conflitos raciais e confusão por todo o País".

*Paulo* que abordou o critério de autodefinição como fomentador de um grande nascedouro de quilombolas[47], motivo esse que justifica, na visão do veículo, a ampliação significativa do número de comunidades identificadas em 2003 pela FCP, 743 comunidades, para o hoje existente, 3.752 certificadas[48].

Em relação às articulações contrárias aos direitos das comunidades quilombolas nos estados, vale citar um dos que possui uma situação bastante conflitiva, o Espírito Santo. Nesse estado, mais especificamente na região de Sapê do Norte, há um movimento que reúne proprietários de terras, representantes de grandes empresas, dentre outros agentes, que organizam-se na articulação denominada "Paz no Campo". Essa articulação divulga e promove boletins, materiais, campanhas e manifestações alegando que o pleito das comunidades quilombolas de Sapê do Norte é infundado. Alegam, por exemplo, que "os brancos terão que pagar uma conta alta pela escravidão que os antepassados dos brancos impuseram aos antepassados dos negros"[49]. Contestam, também, a identidade negra e quilombola, o que, segundo apontam em seus panfletos, estabeleceria uma ruptura na suposta harmonia multicolor brasileira: "o pleito quilombola é racista porque cria um país bicolor, quando ele é multicor"[50].

Há um grave processo de criminalização das lideranças quilombolas que atuam em coletivos para a defesa de seus territórios. Alfredo Wagner de Almeida, com base em múltiplos registros sobre conflitos no campo, destaca que 30% das ocorrências derivam de atos de usurpação de terras tradicionalmente ocupadas e a maior parte dentre eles refere-se a terras de comunidades remanescentes de quilombos. O autor destaca, ainda, que esses conflitos ocorreram em 13 unidades da federação e que são executados de diferentes formas, tais como: assassinatos, prisão de grupos de quilombolas acompanhada de agressão policial, deslocamentos compulsórios, ameaça de deslocamento compulsório, violência contra pessoas, agressão policial, intimação, ameaças físicas, ameaças de

---

[47] "A Proliferação de quilombolas" O Estado de São Paulo, em matéria veiculada no dia 08/07/2007.
[48] Fonte: Fundação Cultural Palmares, outubro de 2024.
[49] Panfleto Paz no Campo, de julho de 2007.
[50] Idem.

morte, ações de despejo, ameaça de expulsão, destruição de roças, contaminação de recursos hídricos, acusações de roubo[51].

O mapeamento realizado por Daniel Brasil[52] sobre causas de conflitos em territórios quilombolas exemplifica, mais uma vez, o peso da luta pela terra e a especulação imobiliária como um grande fator de vulnerabilidade dessas comunidades. Os conflitos com latifundiários e fazendeiros representam 23% do total. O Estado é outro pujante agente potencial de conflitos e violações dos direitos desses grupos, especialmente no processo de execução de grandes empreendimentos, como os vinculados ao PAC[53].

De acordo com o Brasil (2014), os dados que deram base para o gráfico abaixo são provenientes das denúncias compiladas pela Rede Brasileira de Justiça Ambiental - RBJA; do quadro dos processos de licenciamento ambiental, nos quais houve pronunciamento da FCP; dos casos conflituosos levados à Câmara de Conciliação da Advocacia Geral da União (AGU); e de pesquisa do próprio autor:

Gráfico 1[54]

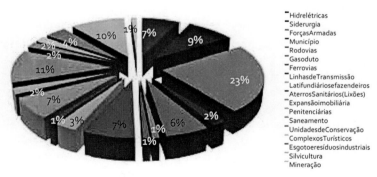

Conflitos envolvendo Comunidades Quilombolas e empreendimentos no Brasil

[51] ALMEIDA, Alfredo Wagner Berno de; MARIN, Rosa Elizabeth Acevedo. *Cadernos de debates Nova Cartografia Social : Quilombolas : reivindicações e judicialização dos conflitos*.ALMEIDA, Alfredo Wagner Berno de et Al. (Org). Manaus : Projeto Nova Cartografia Social da Amazônia / UEA Edições, 2012, p.13
[52] BRASIL, Daniel. O Mar Virou Sertão. O Quilombo de Santana e a Transposição do Rio São Franciscco. Curitiba, Appris, 2014, p. 50.
[53] Programa de Aceleração do Crescimento.
[54] BRASIL, 2014.

Esses são apenas alguns exemplos de uma multiplicidade de outros existentes nas várias regiões do País. Nos locais onde a organização social quilombola se fortalece, por meio do processo de articulação pela garantia dos seus direitos, e os sinais da efetivação dos direitos começam a florescer, as reações contrárias se apresentam.

Há, portanto, articulações presentes nos três poderes, bem como em outras instâncias como parte da academia e uma parcela da grande mídia que se opõem à questão quilombola, e, portanto, ao movimento quilombola, conforme ressalta Ronaldo Santos:

> Eu acho que o momento é muito crítico. [...] Eu tenho consciência que isso é uma conjuntura, logicamente que isso não vai mudar automaticamente, que vai mudar com um trabalho que precisa ser feito, mas não adianta se descabelar. É manter a luta e fazer o trabalho que precisa ser feito. Temos grandes batalhas: No legislativo, em função do PL de Valdir Colato [44/2007], no judiciário, em função da ADI [ADI 3.239-9600-DF/2004], e a outra no executivo, porque a gente sabe que nem todo o governo está alinhado com a política quilombola. A gente luta com os 3 poderes instituídos. Então pode melhorar, mas também pode piorar. Portanto, qualquer má notícia que nós tenhamos poderá servir de combustão para a luta que virá.[55]

Givânia Silva também comenta essa conjuntura e relaciona os processos contemporaneamente vivenciados pelas comunidades quilombolas com os historicamente empreendidos pelos seus antagonistas:

> Quando a grande imprensa, o latifúndio, setores conservadores da sociedade reagem contra essa política, e aí o cenário de hoje é um cenário confuso, nós entendemos que o que está acontecendo hoje é o mesmo que aconteceu ontem, só que por outros meios e outros mecanismos. O que está posto é a certeza de que cada vez mais precisamos estar unidos para que as conquistas que foram adquiridas não se percam.[56]

Um ponto importante da abordagem das duas lideranças supracitadas é que, apesar de ser propagado que as comunidades "brotam", con-

---

[55] Ronaldo Santos, Liderança Quilombola, integrante da CONAQ. Entrevista feita para pesquisa de mestrado da autora sobre o movimento quilombola, defendida em 2008.
[56] Givânia Silva, Liderança Quilombola, integrante e fundadora da CONAQ. Idem.

forme relatam matérias, esse "brotar" não é fruto de um processo oportunista, mas de uma dinâmica mais ampla de estabelecer-se enquanto resistência às forças antagônicas. A histórica invisibilidade dessas comunidades é um fator importante nesse contexto. Os quilombos não "brotam", eles existiam e eram "invisíveis". O Estado brasileiro, para se caracterizar como pluriétnico, deve partir fundamentalmente do reconhecimento desses outros direitos (situados em uma esfera distinta do direito meramente voltado para a propriedade privada).

A conjuntura política de oposição à efetivação do direito à terra para as comunidades, que se desenha em âmbito nacional, tem marcada a sua atuação de modo diversificado, como ressalta Givânia Silva e Ronaldo Santos. São diferentes atores, tais como parlamentares, jornalistas e seus respectivos meios de comunicação, operadores do direito, proprietários de terra, representantes de grandes corporações e empresas multinacionais.

As comunidades quilombolas, seus territórios, seus direitos postos na Constituição e nas legislações posteriores e a questão toda que abrange esse debate são hoje a mira de um grande cenário de oposição. As argumentações colocadas, apesar de apresentarem uma discussão que muitas vezes sinaliza para questões conceituais, refletem fundamentalmente a grande desigualdade da estrutura fundiária historicamente construída no País e a imensa resistência em redimensionar seus parâmetros.

As discussões conceituais apresentadas refletem, em parte, a perspectiva congelada e ultrapassada de quilombo, fazendo alusão à ideia de quilombo do período colonial. Outros debates postos nesse cenário oposicionista são os argumentos que pautam a docilidade e harmonia das relações raciais em nosso País, argumentos que sustentam uma suposta democracia racial. Esses argumentos, já bastante contestados por diversos estudiosos[57], se fazem presentes em matérias de periódicos com grande frequência nos últimos anos.

Há outro fator que é expressivo para a construção do conceito de quilombo, e para alguns elementos presentes em contestações da identidade

---

[57] Vide: MOURA, Clovis. *Brasil: as raízes do protesto negro*. São Paulo: Global, 1983; NASCIMENTO, Abdias do. *O Genocídio do negro brasileiro*: um processo de racismo mascarado. Rio de Janeiro: Paz e Terra, 1978; CARVALHO, José Jorge de. As Propostas de Cotas para Negros e o Racismo Acadêmico no Brasil. *Sociedade e Cultura*, v. 4, n. 2, jul./dez. 2001, p. 13-30; MUNANGA, Kabengele, GOMES, Nilma Lino. *O negro no Brasil de hoje*. São Paulo: Global, 2006; dentre outros.

e dos direitos quilombolas, que é o contexto nacional. O conceito de quilombo, no senso comum, reflete muitas vezes a perspectiva de extinto, de 'coisa do passado'. Diferentemente da identidade indígena que perpassa o século vinte presente no imaginário brasileiro[58], a identidade e o conceito de quilombo como vivo e dinâmico tem ganhado uma ampla discussão recentemente.

Essa emergência do conceito de quilombo e da identidade quilombola na contemporaneidade dialoga com o que Briones pontua em seu trabalho em relação à construção da identidade nacional e das identidades étnicas ou raciais:

> Toda nação como Estado reproduz desigualdades internas e renova consensos em torno delas, tematizando certas diferenças e invisibilizando outras. Cada uma o faz instrumentalizando uma economia política da diversidade que etniciza ou racializa seletivamente distintos conjuntos sociais, fixando assim marcas de uniformidade e alteridade que atribuem em cada caso disparidades, porosidades e fissuras aos contornos (auto)descritivos desses conjuntos.[59]

A dimensão da invisibilidade das comunidades quilombolas como fato do presente na construção da identidade nacional é marcante. Expressa o histórico silenciamento dos espaços não hegemônicos no País. Exemplo disso é a demora no reconhecimento das terras coletivas ocupadas pelas comunidades quilombolas, as quais se contrapõem ao modelo construído como hegemônico, que é a terra privada.

São cem anos que se passaram da Lei Áurea até a Constituição de 1988 para que fosse reconhecido o direito à terra a esses grupos. Esse é um direito ainda contestado do ponto de vista jurídico, político e acadêmico, o que demonstra as enormes fissuras e contradições que estão presentes na construção do imaginário nacional. O movimento de "aquilombar-se" se manteve e constitui-se, à revelia de um processo de silenciamento e invisibilidade, a partir das dinâmicas próprias de seu tempo.

---

[58] É relevante, contudo, ponderar que a identidade indígena, no senso comum, é concebida como homogênea, o que não condiz com a multiplicidade de povos que a compõe.
[59] BRIONES, Claudia. *Mestizaje y blanqueamiento como coordenadas de aboriginalidad y nación em Argentina.* Runa XXIII, p. 61-88, 2002. p. 2-3.

# CAPÍTULO 3

## POVO QUILOMBOLA: IDENTIDADE E TERRITORIALIDADE

A noção de identidade quilombola está estreitamente ligada à ideia de pertença. Essa perspectiva de pertencimento, que baliza os laços identitários nas comunidades e entre elas, parte de princípios que transcendem a consanguinidade e o parentesco, e vinculam-se a concepções tecidas sobre valores, costumes e lutas comuns, além da identidade fundada nas experiências compartilhadas de discriminação.

Há uma trama social forjada a partir das ações coletivas e representações que são determinantes para o estabelecimento das noções que dão eco à ideia de que os quilombolas constituem uma comunidade, um povo, que, por sua vez, possui elementos estruturais que tornam esse grupo distinto do que intitula-se sociedade nacional.

A noção de irmandade, de união entre as comunidades quilombolas das mais distintas e longínquas localidades é ressaltada na teia de relações e compartilhamentos existentes entre as comunidades, e é uma questão presente em diversas narrativas de lideranças quilombolas. Esse ponto constitui-se como fundamental para a construção da luta comum, que tem como principal ponto a luta pelo direito à terra.

A fala de Ronaldo dos Santos, do Rio de Janeiro, aponta para esse sentido:

> Há uma coisa que une as comunidades de lugares tão diferentes. É uma coisa que está em outro campo, você se identifica, se afiniza e vê o outro como um irmão. É uma coisa de irmandade. Eu lembro quando assassinaram aquele companheiro de Rondônia[1] que foi uma dor pra todo mundo. É muito comum uma comunidade que não está vindo [aos encontros do movimento quilombola] ter uma

---

[1] O assassinato ocorreu na comunidade quilombola de Vale do Guaporé, Rondônia. Foi no mesmo dia do encerramento do I Encontro Nacional Quilombinho, de crianças e adolescentes quilombolas, em julho de 2007, no qual Ronaldo estava presente. Quando a notícia da morte chegou ao Encontro, formou-se grande comoção.

fala tipo assim "uma tal de CONAQ", sem pertencimento. Quando ela tem uma oportunidade de participar de alguns encontros, e aí não é a CONAQ instituição, organização, mas é essa coisa de estar junto de irmãos de outros vários Estados algumas vezes, poucas vezes, naturalmente a fala das pessoas já muda, as pessoas já passam a se sentir parte desse meio. Aí essas mesmas pessoas reclamam "é mas essa informação não chegava lá" e a gente fala que é difícil chegar e que é muito bom ela estar ali, pois será mais uma forma dessa informação chegar. Daí vai se formando a rede.[2]

Essa "irmandade", esse sentido de união, traz um compartilhar identitário, político, de comunhão de lutas comuns bastante intenso. A conjuntura hoje vivenciada, na qual os direitos e a identidade quilombola são contestados com grande ênfase por parte da mídia, parlamentares e outros atores ligados aos poderes instituídos, reforça nos quilombolas essa noção de união por meio da identidade e da luta pelos direitos.

A construção de uma identidade étnica quilombola que fundamenta a luta por direitos mediante articulações organizadas em nível nacional, tal como a CONAQ, dialoga com a configuração da ideologia de "indianidade" que Barabas trabalha no âmbito do México. Essa construção da ideologia da 'indianidade genérica' é impulsionada pelos próprios indígenas e é pensada "não como uma categoria homogeneizante, estereotipada e inferiorizada, e sim como uma categoria unificadora"[3], tal como Barabas pontua em relação à identidade indígena.

A insurgência de organizações nas últimas décadas, como as quilombolas, que reivindicam o reconhecimento de sua identidade, de seus direitos, de seus costumes pelo Estado, aponta para uma crise do modelo historicamente construído e imposto de identidade nacional.

> Nosso continente, construído no século XIX pelas elites crioulas, se encontra, em nossos dias, em um franco processo de desconstrução. Há evidências de um movimento de reparação ou de religação com os elos cortados e de retorno a enredos históricos abandonados. A emergência étnica é um despertar que

---

[2] Ronaldo, quilombola da Comunidade de Campinho da Independência, RJ, e membro da Executiva da CONAQ. Entrevista feita para pesquisa de mestrado da autora sobre o movimento quilombola, defendida em 2008.
[3] BARABAS, Alicia. *La rebelión zapatista y el movimiento índio em México*. Série Antropologia, Universidade de Brasília, n. 208, 1996, p. 2. Tradução livre da autora.

implica um esforço de releitura das "memórias compactas ou fraturadas, de histórias contadas desde um só lado que suprimiram outras memórias, e histórias que se contaram e contam desde a dupla consciência que gera a diferença colonial".[4]

O século XIX marca o processo de afirmação da nação brasileira. Nesse sentido, as elites intelectuais estruturam sua percepção e seu olhar para a construção de narrativas discursivas sobre o Brasil. No século XX, a nação e a cultura brasileira passam a ser concebidas como a síntese dos elementos culturais, étnicos e raciais. Nesse debate, Gilberto Freyre destaca-se, principalmente com sua obra *Casa Grande e Senzala*, com a construção da argumentação da 'democracia racial'. Esses elementos foram constituintes da percepção ideológica da nação brasileira hegemônica[5].

Em sintonia com o argumentado por Pechincha[6], acredito que o discurso de nação brasileira é um discurso hegemônico. Essa hegemonia se consolida pelo alcance de seu discurso, pela abrangência e pela repetição de seus ideários. O que se coloca, e o movimento quilombola é um forte elemento desse processo, é que discursos e vozes dissonantes ecoam e apresentam-se como contraponto à ideologia integradora de nação brasileira.

A nação apresenta um grande esforço homogeneizador, mas não consegue sufocar as identidades outras que a compõem. A nação, em sua essência, produz essa multiplicidade de discursos e identidades:

> Entendo a nação como um espaço que gera signos de identidade sob os quais se organizam as relações entre pessoas e grupos. Assim definida, entendo que o discurso da nação aponta, nos signos mesmos de sua identidade, as identidades daqueles que são diferenciados dentro dela.[7]

Nessa perspectiva, o horizonte de uma nação possível emerge como um espaço concebido a partir das heterogeneidades, que permita

---

[4] MOGNOLO, 2000: 63 apud SEGATO, Rita Laura. *La nación y sus otros:* raza, etnicidad y diversidad religiosa em tiempos de políticas de la identidad. Buenos Aires: Prometeo Libros, 2007, p. 21-22. A tradução foi feita por mim.
[5] PECHINCHA, Mônica Thereza Soares. *O Brasil no discurso da antropologia nacional*. Goiânia: Cânone Editorial, 2006.
[6] Idem.
[7] Idem, p. 23.

a visibilidade e garanta o direito às diferenças. Essa nação possível se constitui a partir de uma aliança entre os povos, administrada por um Estado pluricultural, por meio da admissão, por parte do Estado, de que seu desenvolvimento futuro se concebe com base nas comunidades[8].

Esse movimento, todavia, se funda no reconhecimento pelo Estado de que esses povos e comunidades devem influir, ao seu modo e a partir de seus costumes, nas estruturas políticas, jurídicas e sociais e reestruturar as várias dimensões dos espaços de decisão e de poder, com ênfase na perspectiva educacional, legal e administrativa.

Esses questionamentos à estrutura do Estado têm se fortalecido por meio da concepção dos próprios sujeitos de que seus direitos só serão respeitados a partir do reconhecimento de sua diferença.

> Em seus múltiplos aspectos, os processos de raiz local recentemente iniciados, cuja característica principal é um retorno a fontes capazes de reconfigurar sua diferença em um sentido radical, ameaçam progressivamente o que parecia ser o controle territorial consolidado das elites regionais e nacionais, branqueadas e eurocêntricas.[9]

A rede e os laços que concebem os quilombolas enquanto povo e comunidade têm na dimensão político-organizativa uma força central, que dinamiza e oxigena essa luta como coletiva das comunidades pela garantia de seus direitos.

A fala de dona Maria, quilombola de São Francisco do Paraguaçu, Bahia, expressa a ânsia pelo reconhecimento, por parte do Estado, dessa luta, da identidade quilombola e dos direitos dessas comunidades:

> Temos que ter o respeito aos nossos direitos, pelo amor de deus, porque o que nós estamos passando, nós não queremos que nossos filhos passem. E sabem porque é que eu estou falando isso, porque eu estou me sentido enganada. Sou mãe de nove filhos, tenho cinco netos, nunca estudei, faço meu

---

[8] SEGATO, Rita Laura. *La nación y sus otros: raza, etnicidad y diversidad religiosa em tiempos de políticas de la identidad*. Buenos Aires: Prometeo Libros, 2007, p. 21. Tradução livre da autora.
[9] Idem, p. 22. Tradução livre da autora.

nome garranchado, porque eu sempre tive que trabalhar. Uma coisa que eu queria falar, poucas coisas porque eu não sei falar direito eu só fiz foi trabalhar, agora falar assim que a pele da gente, o nosso cabelo duro que deus deu com muito orgulho, a nossa cor, a nossa origem, é isso, é isso que as pessoas têm que entender, que seja governador, que seja ministro, que seja deputado, que seja senador, porque a gente respeita ele mas ele também tem que respeitar a gente, porque os nossos filhos, os nossos netos que vão parir, os que vão nascer, os que vão durar, tem que viver e tem que ser respeitado.[10]

A resistência como ato político também está presente no corpo e nos signos que caracterizam o sujeito quilombola. Dona Maria aborda a importância de que a sua identidade seja respeitada e reconhecida, e isso passa pelo seu "cabelo duro que deus deu com muito orgulho", pela sua "cor", pela sua ancestralidade. São elementos que se fundem na construção da identidade política de quilombola.

Essa identidade que marca a constituição do "nós", de uma comunidade, isto é, de um povo, é fruto de uma perspectiva de diferença profunda, estrutural:

> A luta dos movimentos sociais inspirados no projeto de "políticas da identidade" não alcançarão a radicalidade do pluralismo que pretende afirmar, a menos que os grupos insurgentes partam de uma consciência clara da profundidade de sua "diferença", ou seja, da proposta de mundo alternativa que guia sua insurgência. Diferença é aqui entendida e definida não com referência a conteúdos substantivos em termos de "costumes" supostamente tradicionais, cristalizados, imóveis e impassíveis em relação ao desenvolvimento histórico, senão como diferença de meta e perspectiva por parte de uma comunidade, de um povo.[11]

A constituição dos critérios de pertença, que dão voz a essa "diferença radical", que apontam elementos para a concepção dos quilombos enquanto alteridade é dada a partir dos próprios sujeitos. Alfredo Wagner de Almeida trabalha essa concepção:

---
[10] Dona Maria, quilombola de São Francisco do Paraguaçu, Bahia. Fala realizada durante a Audiência do MPF em 19 de setembro de 2007.
[11] SEGATO, Rita Laura. *La nación y sus otros: raza, etnicidad y diversidad religiosa en tiempos de políticas de la identidad*. Buenos Aires: Prometeo Libros, 2007, p.18. Tradução livre da autora.

A meu ver, o ponto de partida da análise crítica é a indagação de como os próprios agentes sociais se definem e representam suas relações e práticas em face dos grupos sociais e agências com que interagem. Esse dado de como os grupos sociais chamados "remanescentes" se autodefinem é elementar, porquanto foi por essa via que se construiu e afirmou a identidade coletiva.[12]

A perspectiva identitária que concebe as comunidades quilombolas como povo, como comunidade, permite considerar que a afiliação é tanto uma questão de origem comum quanto de orientação das ações coletivas no sentido de destinos compartilhados. É uma questão que deve ser concebida e pensada no sentido de romper qualquer perspectiva congelada, rígida.

A diferença é concebida por Rita Segato não como conteúdos substantivos em termos de costumes supostamente tradicionais, cristalizados, imóveis e impassíveis frente a transformações, mas como diferença de meta e perspectiva por parte de uma comunidade ou povo[13].

Eliane Cantarino O'Dwyer ressalta que, como no caso precedente dos direitos indígenas, a discussão sobre a identidade quilombola não pode prescindir do conceito de grupo étnico, com todas as suas implicações[14].

As contribuições de Barth[15] foram fundamentais para o debate em torno da etnicidade e para fortalecer as reflexões relacionadas à auto-atribuição, dada pelo próprio grupo e por suas relações existentes com agentes externos que são estruturantes para a constituição da identidade étnica. Os elementos que dão conteúdo às fronteiras interétnicas, apontadas por Barth, entretanto não refletem o papel do Estado nesses processos, seja ele colonial ou não.

---

[12] ALMEIDA, Alfredo W. B. de. Os Quilombos e as Novas Etnias. In: O'DWYER, Eliane Cantarino. *Quilombos:* Identidade Étnica e Territorialidade. Rio de Janeiro, Editora FGV, 2002, p. 67-68.
[13] SEGATO, Rita Laura. *La nación y sus otros:* raza, etnicidad y diversidad religiosa en tiempos de políticas de la identidad. Buenos Aires: Prometeo Libros, 2007, p.18. Tradução livre da autora.
[14] OLIVEIRA, João Pacheco. Indigenismo e territorialização. Rio de Janeiro: Contracapa, 1998: 273-4 apud O'DWYER, Eliane Cantarino. Quilombos e a Prática Profissional dos Antropólogos. In: O'DWYER, Eliane Cantarino (Org.). Quilombos: Identidade Étnica e Territorialidade. Rio de Janeiro, Editora FGV, 2002.
[15] BARTH, Frederik. Os grupos étnicos e suas fronteiras. In: *O Guru, o Iniciador e Outras Variações Antropológicas.* Tradução de J.C. Comerford. Rio de Janeiro: Ed. Contracapa, 2000 [1969].

As relações estabelecidas entre o Estado e as comunidades e povos que constituíram e constituem a nação brasileira no período colonial e pós-colonial geram influência nos processos formadores da identidade desses grupos. Pensemos a própria categoria genérica quilombo ou comunidade quilombola. Uma dimensão importante no processo identitário são os elementos dados pelos próprios grupos. Outra dimensão distinta e também fundamental, contudo, é a categorização genérica empreendida pelo Estado para uma leitura legal e restrita dos grupos étnicos e seu reflexo nos processos identitários de como os grupos se reconhecem e são reconhecidos.

A categoria quilombo, como a de indígena, apresenta uma normatização e um enquadramento das múltiplas identidades das várias comunidades hoje concebidas como quilombolas. Esse processo, todavia, longe de ser unilateral, reflete dimensões organizativas e mobilizatórias das comunidades quilombolas, que as ressemantizam e as incorporam em suas estratégias de luta por direitos, a partir das diversidades fundantes das comunidades em todo o País.

Originado em um contexto pejorativo no qual se formou o conceito genérico quilombo como sinônimo de foragidos, negros pobres, fugitivos, há uma apropriação e ressemantização do termo pelos coletivos dessas comunidades. Esse termo se converte em um eixo da conformação da identidade quilombola hoje. Rompe com o estigma colonial e se traduz como uma categoria de identidade coletiva que fundamenta a luta por direitos nos coletivos dessas comunidades.

Para além de ser um termo eminentemente essencialista, é repleto de sentido no processo da ação política desses grupos. Um dialogo sobre os conceitos de essencialismo estratégico, em Spivak[16], e de essencialismo operacional, em Butler[17], é interessante para esse debate sobre a identidade quilombola e sua apropriação no processo de luta por direitos. Interessante também perceber que a partir das mobi-

---
[16] SPIVAK, G. C. *Other Worlds:* Essays in Cultural Politics. London, Methuen, 1987.
[17] BUTLER, J. Actos performativos y constitución del género: un ensayo sobre fenomenología y teoría feminista, 1990a. In:*Debate feminista, publico privado, sexualidad.* año 9, vol. 18, octubre 1998; BUTLER, J. *El género en disputa. El feminismo y la subversión de la identidad*, 1990b. Barcelona: Paidós, 2001.

lizações baseadas nessas identidades, que não estão semanticamente congeladas, há um compartilhar de estratégias comuns que dão sentido à ação política coletiva.

As comunidades de quilombos são grupos sociais cuja identidade os distingue do restante da sociedade. É importante explicitar que, quando se fala em identidade, trata-se de um processo de auto identificação bastante dinâmico e não se reduz a elementos materiais ou traços biológicos distintivos, como cor da pele, por exemplo.

> No momento atual, para compreender o significado de quilombo e o sentido dessa mobilização que está ocorrendo, é preciso entender como é que historicamente esses agentes sociais se colocaram perante os seus antagonistas, bem como entender suas lógicas, suas estratégias de sobrevivência e como eles estão se colocando hoje ou como estão se autodefinindo e desenvolvendo suas práticas de interlocução. A incorporação da identidade coletiva para as mobilizações e lutas, por uma diversidade de agentes sociais, pode ser mais ampla do que o critério morfológico e racial [...] há agentes sociais que se encontram lá mobilizados e que estão se autodefinindo como *pretos*. De igual modo, podemos constatar que há situações outras em que agentes sociais que poderiam aparentemente ser classificados como *negros* se encontram mobilizados em torno da defesa das chamadas *terras indígenas*.[18]

Os procedimentos de classificação que interessam, que dão forma à perspectiva do que são e de quem são os quilombos, são aqueles constituídos pelos próprios sujeitos, a partir dos próprios conflitos, e não necessariamente aqueles que são produtos de classificações externas, muitas vezes estigmatizantes.

> Isso é básico na consecução da identidade coletiva e das categorias sobre as quais ela se apóia. Aliás, essas categorias podem ter significados específicos, como sugere a noção de 'terra de preto', que pressupõe uma modalidade codificada de utilização

---

[18] ALMEIDA, Alfredo W. B. de. Os Quilombos e as Novas Etnias. In: O'DWYER, Eliane Cantarino. *Quilombos:* Identidade Étnica e Territorialidade. Rio de Janeiro, Editora FGV, 2002, p. 69.

da natureza: os recursos hídricos, por exemplo, não são privatizados, não são individualizados; tampouco são individualizados os recursos de pesca, caça e extrativismo.[19]

A identidade tem íntima relação com a noção de territorialidade. As Comunidades Quilombolas são circunscritas e estabelecem relação vital com seus territórios, denominados de diversas formas tais como "terras de preto", "mocambo", "terras de santo". Essa perspectiva territorial é conceituada como o espaço territorial passado pelas várias gerações sem a adoção do procedimento formal de partilha, e sem que haja posse individualizada.

Ronaldo dos Santos, liderança quilombola, aponta, a partir da especificidade de sua comunidade, essa lógica de territorialidade:

> Tem um relato da vovó Antonica que as terras do Campinho [da Independência] nunca deveriam ser desfeitas, vendidas, que deveriam ficar pras gerações. A comunidade de Campinho sempre teve, no contexto do município, essa identidade de família. Essa idéia do parentesco sempre foi muito forte na comunidade, na cidade sempre se falava isso, Campinho sempre foi conhecido por ser terra de preto, não tinha essa identidade quilombola, mas teve essa identidade de terra de preto e era unida em torno dos objetivos comuns.[20]

Os recursos hídricos, a pesca, a caça, o extrativismo, poços, são de uso coletivo. Alfredo Wagner de Almeida[21] ressalta, entretanto, que as roças e roçados são, em sua maioria, de uso restrito à família nuclear, sendo outros recursos, como rios e matas, coletivos. Esse dualismo entre o plano individual e coletivo e a coexistência simultânea dos dois demonstra o quão complexo pode ser a análise territorial dos quilombolas.

Hildima dos Santos, da comunidade quilombola Igarapé do Lago, Amapá, pontua como se dá o plantio (em área da família nuclear) e o preparo dos alimentos (coletivo) e posterior distribuição em sua comunidade:

---
[19] Idem, p. 68.
[20] Ronaldo, Comunidade do Campinho da Independência, Rio de Janeiro. Entrevista feita para pesquisa de mestrado da autora sobre o movimento quilombola, defendida em 2008.
[21] ALMEIDA, Alfredo W. B. de. *Os Quilombos e as Novas Etnias*. In: O'Dwyer, Eliane Cantarino. *Quilombos: Identidade Étnica e Territorialidade*. Rio de Janeiro, Editora FGV, 2002.

> O povo vive como se fosse ainda nos tempos antigos, por que era assim que o povo plantava e fazia o convidado. O convidado é o mutirão de hoje. Era assim, eles plantavam, cada um no seu pedaço, mas na hora de fazer o Piracuí, que é a farinha de peixe, todo mundo se juntava e faziam o convidado. Aí todo mundo arranca a mandioca e vai junto fazer o piracui e depois todo mundo divide. Sempre foi assim, eles faziam o convidado e quando era a meia, quem ajudava recebia.[22]

As representações coletivas e as ações dos agentes envolvidos estruturam a relação estabelecida com o território e, baseadas nelas, é possível buscar a noção de territorialidade que vai além de fronteiras físicas. É o vínculo cultural, histórico e social da comunidade com o espaço que habita.

Givânia Silva apresenta a reflexão sobre a dimensão da territorialidade para a identidade quilombola.

> O pertencimento em relação ao território é algo mais profundo. A luta quilombola existe porque há um sentimento por parte dos quilombolas de que aquele território em que eles habitam é deles. Mas não deles por conta de propriedade, é deles enquanto espaço de vida, de cultura, de identidade. Isso nós chamamos de pertencimento. Nem é porque nossas terras sejam as mais férteis que nós lutamos por elas. Elas muitas vezes não são as mais férteis, se nós concebermos o fértil no usual da economia. Mas ela tem uma fertilidade que para nós que estamos ali ela é a melhor. A nossa luta pela terra não é pautada por princípios econômicos e sim por fundamentos culturais, ancestrais. É o sentimento de continuidade da luta e resistência.[23]

A complexidade dos seus usos e os aspectos que dão materialidade à territorialidade são delimitados por Almeida[24] como:

> agentes sociais que assim as denominam [*terras de preto*] o fazem segundo um repertório de designações que variam consoante as

---
[22] Hildima dos Santos, Comunidade Quilombola de Igarapé do Lago, Amapá. Entrevista feita para pesquisa de mestrado da autora sobre o movimento quilombola, defendida em 2008.
[23] Idem.
[24] ALMEIDA, Alfredo W. B. de. Os Quilombos e as Novas Etnias. In: O'DWYER, Eliane Cantarino. *Quilombos:* Identidade Étnica e Territorialidade. Rio de Janeiro, Editora FGV, 2002, p. 45-46.

especificidades das diferentes situações. Pode-se adiantar que compreendem, pois, uma constelação de situações de apropriação de recursos naturais (solos, hídricos e florestais), utilizados segundo uma diversidade de formas e com inúmeras combinações diferenciadas entre uso e propriedade e entre o caráter privado e comum, perpassadas por fatores étnicos, de parentesco e de sucessão, por fatores históricos, por elementos identitários peculiares e por critérios político-organizativo e econômicos, consoante práticas e representações próprias. Assim ficou aparentemente firmada a expressão oficial *ocupações especiais*, que designava, entre outras situações, as chamadas *terras de preto, terras de santo e terras de índio*, tal como definidas e acatadas pelos próprios grupos sociais.

A construção da identidade é, portanto, fundamentada no território e, também, em critérios político-organizativos. Identidade e território são indissociáveis nesse caso. A organização das comunidades quilombolas como um grupo étnico tornou possível a resistência e defesa do território, além de dar sentido a sua ocupação. O processo de territorialização das comunidades quilombolas está estreitamente relacionado com a organização social.

Os aspectos identitários, entretanto, devem ser levados em consideração para além da questão fundiária. A terra é crucial para a continuidade do grupo enquanto condição de fixação, mas não como condição exclusiva para sua existência[25]. E o território não se restringe apenas à dimensão geográfica, mas abarca também elementos culturais, históricos e sociais mais amplos.

## 3.1 Nós, os Quilombolas?

A discussão sobre as dimensões históricas e organizativas da construção da categoria quilombo nos remete, em um primeiro momento, aos quase quatro séculos de escravidão em que a identidade

---

[25] Destaco, aqui, comunidades que foram expropriadas, como os Amaros, e que permanecem com seus laços de pertença enquanto comunidade.

quilombola era violentamente combatida pelas forças coloniais e, depois, imperiais. Após a Lei Áurea[26], o conceito de quilombo torna-se invisibilizado no escopo do Estado por um século, apesar dos muitos trabalhos que apontavam para sua existência[27].

Os elementos que constituem os grupos enquanto próprios e distintos da sociedade nacional, como as comunidades quilombolas, deixam de ser colocados em termos dos conteúdos culturais que encerram e definem diferenças. Conceber as comunidades quilombolas a partir dessa perspectiva tem levantado algumas ponderações sobre as manipulações que podem ser empreendidas pelos próprios sujeitos sociais pertencentes à identidade étnica.

Essas questões nortearam, inclusive, a Ação Direta de Inconstitucionalidade – ADI, que foi impetrada pelo partido dos Democratas (antigo PFL) no Supremo Tribunal Federal – STF, ao decreto 4887/2003 que regulamenta a titulação de terras de quilombos e se constitui na perspectiva da autodeclararão da comunidade.

Os quilombos, todavia, fortalecem sua identidade contrastiva em contraponto à ideia de assimilação ou de extinção. A diferença cultural não traz uma valorização por si só. Porém, a contraposição consciente das identidades e culturas em relação à lógica homogeneizadora e controladora dos Estados Nacionais se constitui como uma antítese ao projeto pós-colonialista de estabilização, uma vez que os povos lutam não apenas para marcar sua identidade, como também para retomar o controle do próprio destino e construir diretrizes de rumos comuns.

Essa contraposição cultural ao projeto hegemônico do Estado dialoga com a emergência da organização do movimento quilombola nos últimos anos no país. O movimento quilombola, institucionalizado em nível nacional a partir de 1996, traz a retórica identitária como um elemento central de suas reivindicações e do estabelecimento da coesão de grupo. A partir dessa identidade étnica, os quilombolas

---

[26] Lei no 3.353, de 13 de maio de 1888.
[27] Clóvis Moura (1981); Edson Carneiro (1946); Décio Freitas (1973), dentre outros.

construíram sua linha central de luta que é a defesa de seus territórios. São critérios político-organizativos que estruturam essa perspectiva de pertença étnica.

Há um ponto, entretanto, fundamental que constitui essa identidade quilombola nacional, que é a imensa pluralidade de realidades e perspectivas locais de cada comunidade quilombola. Uma fala, citada por Ilka Boaventura, dá luz a esse elemento: "Negros de qualidade diferente" – "Não tem os índios? Os Bororo, os Xavante? Eles todos são índios? São tudo índio, mas de 'qualidade' diferente. Os de Matacavalos, de Onças, de Jacaré, de Brinquinho também são tudo negros, mas de 'qualidade diferente'".[28]

Givânia Silva comenta também as especificidades e as particularidades que marcam as comunidades quilombolas, que não se constituem de modo algum em um prisma de homogeneidade:

> É importante perceber que as comunidades têm especificidades locais e que as lutas se deram de várias formas. Não é possível se chegar em um quilombo em São Paulo e esperar encontrar ali todas as características que você encontra em um quilombo em Pernambuco ou no Pará.[29]

As milhares de comunidades quilombolas possuem sua própria história, sua tradição cultural específica, concebidas no processo de constituição dessas comunidades como grupo diferenciado. As comunidades apresentam entre si, como elemento estrutural, o pluralismo e a diferença como fundamento. Portanto, as diversas comunidades rurais negras constroem seu histórico, sua tradição cultural, seus processos próprios que as caracterizam e definem.

A permanência das comunidades quilombolas no período posterior à Lei Áurea apresenta alguns determinantes importantes, apontados por Ilka Boaventura Leite[30]: (1) a permanência das comunidades

---

[28] Mestre Antônio Mulato, Comunidade Mata Cavalo, Mato Grosso do Sul. Apud LEITE, Ilka Boaventura. *O legado do testamento:* a comunidade de Casca em perícia. Porto Alegre: Editora da UFRGS; Florianópolis: NUER/UFSC, 2004, p. 13.
[29] Entrevista feita para pesquisa de mestrado da autora sobre o movimento quilombola, defendida em 2008.
[30] LEITE, Ilka Boaventura. *O legado do testamento: a comunidade de Casca em perícia.* Porto Alegre: Editora da UFRGS; Florianópolis: NUER/UFSC, 2004.

quilombolas após 1888 simbolizou, em uma perspectiva contestatória, a não adesão ao projeto da sociedade pós-escravista destinado aos negros (ou à ausência dele); (2) a falência do modelo de sociedade estruturado nesse período, com ênfase na conversão da diferença como motor de desigualdade. Nesse sentido, a lógica eurocêntrica estruturou a distribuição fundiária, o acesso aos direitos, aos lócus de poder e se estruturou de modo profundo a partir dessa perspectiva desigual.

As comunidades quilombolas, muitas delas surgidas nos séculos XVII, XVIII e XIX, chegam ao século XXI como uma forma alternativa de organização social, etnicamente constituída, com dimensões histórica, social e culturalmente distintas, e esses elementos tem vínculo profundo com o modo de acesso e com os usos da terra.

Nos últimos tempos, as pressões enfrentadas pelas comunidades quilombolas apresentam um grande peso dissociativo e embaralharam referências e, muitas vezes, a meta comum de luta pela garantia dos direitos, com ênfase no direito à terra.

Na conjuntura de alteridade que vivenciam, as pressões geram conflitos, tensões, inseguranças, e, muitas vezes, se configuram como elementos de fragmentação e ruptura, tanto internamente nas comunidades como nas suas organizações representativas. Esses elementos são, em grande parte das vezes, manipulados por outros atores que apresentam interesses divergentes, tendo influência na trama de relações entre as comunidades e suas representações, o Estado e a sociedade como um todo.

A questão da identidade quilombola, do reconhecer-se como quilombola, por exemplo, é um ponto que vem sendo argumentado por acadêmicos, parlamentares e outros como nevrálgico para a contestação dos direitos quilombolas. Como o termo quilombo não é historicamente apropriado e utilizado pela grande maioria das comunidades, ocorre que muitos desses grupos (que tradicionalmente são conhecidos e se autodenominam como terra de preto, de santo, mocambo, dentre outras denominações) não se reconhecem como quilombo por, inclusive, sequer conhecer o que o termo significa.

É fundamental, portanto, ressaltar que esse é um termo utilizado para denominar essas comunidades que foi construído pelo poder colonial. Durante o século XX, foi reapropriado pelas lutas de resistência dos movimentos negros e colocado em pauta na Assembleia Constituinte, na elaboração do Artigo 68, do Ato das Disposições Constitucionais Transitórias. Portanto, tal como conhecemos hoje, o termo quilombo é uma construção exógena às comunidades. E é, exatamente esse ponto de identificar-se como quilombola, que tem gerado muitos conflitos, tal como expressa Aparecida Mendes, liderança da comunidade de Conceição das Crioulas (PE):

> Essa palavra quilombo não é tão conhecida, inclusive pra nós que estamos dia após dia envolvidos em praticamente
> 
> todas as articulações, nós não sabíamos. A partir da década de 80, nós sabíamos que éramos de Conceição das Crioulas, sabíamos que somos descendentes, e aí minha avó e as pessoas mais velhas sentam pra contar nossa história (e é muito engraçado, pois elas fazem uma linha do tempo e chegam lá nas crioulas, nas primeiras que chegaram). Mas nós não sabíamos, nós não conhecíamos essa palavra quilombo. E as outras pessoas também não conheciam. Pra nós que estamos no dia-a-dia ficou mais fácil porque a gente está sempre se encontrando, estudando. Mas para aquelas pessoas que não tiveram acesso às informações, realmente elas não conhecem e passaram a conhecer de forma antipática.[31]

O processo de incorporação do conceito de quilombo como referência para acesso a direitos, na Constituição de 1988, gerou uma categorização bastante externa para muitas comunidades no País. Aparecida ressalta mais detalhes desse processo a partir da perspectiva de sua comunidade e de sua vivência junto ao movimento quilombola:

> Na medida em que foi publicado o artigo 68, e nós começamos a nos organizar nas bases, nós sacudimos os poderes opressores e aí eles pegaram a palavra quilombo e levaram para a maioria das comuni-

---

[31] Aparecida Mendes, Comunidade de Conceição das Crioulas, Pernambuco. Entrevista feita para pesquisa de mestrado da autora sobre o movimento quilombola, defendida em 2008.

> dades dizendo para as pessoas menos informadas das comunidades "vocês não podem ser quilombolas", "tão com uma história de quilombola e ser quilombola é voltar a ser escravo", que "vão tomar a terra de vocês" e, olhe, foi uma coisa colocada de forma muito pejorativa e de forma muito ruim para as comunidades, daí a dificuldade de muitas pessoas assumirem. Já é difícil assumir a identidade por conta da discriminação que se viveu e que se vive ao longo do tempo e aí quando você chega com uma palavra nova, carregada de muita colocação negativa, fortalece mais a resistência que você tem de assumir a sua identidade, por medo até[32]

O estranhamento em relação a uma categoria que é externa para muitas comunidades, contudo, não significa que não possam reivindicar o seu direito territorial a partir dela, uma vez que os processos político-identitários e históricos dessas comunidades caracterizam-nas como quilombo. A classificação externa, tal como expressa na categoria quilombo, representa uma das distorções impetradas pelo Estado, uma vez que os próprios termos de autodenominação dos grupos é que deveriam ser levados em consideração.

Aparecida Mendes aborda outros pontos importantes para essa discussão:

> Então, pela palavra ser nova [quilombo], por não ter tido uma divulgação ampla feita pelos quilombolas e por quem nos apóia. Você chega em Conceição das Crioulas, boa parte assume a identidade quilombola. Mas algumas pessoas que têm mais resistência às informações ou estão menos informadas vão dizer que não são quilombolas. Se você perguntar para essas mesmas pessoas se elas são de Conceição das Crioulas, se são descendentes das Crioulas, elas vão dizer que sim. E aí acontece uma injustiça muito grande pela bancada ruralista e mais especialmente por algumas pessoas que chegaram à universidade e conseguem produzir livros, aqui falo do livro do Nelson Barreto a Revolução Quilombola, porque ali ele coloca justamente isso que eu estou falando pra você. Segundo ele fala, ele vai às comunidades e pergunta justamente para aquelas pessoas que estão menos informadas, que não tiveram acesso "você é quilombola?" e jogam na pessoa toda aquela carga de coi-

---

[32] Idem.

sas ruins. E aí é claro que a pessoa vai dizer que não é. Mas pergunta pra essas pessoas quais são as origens delas, por que elas estão naquela comunidade, quem é o avô, o tetravô, pergunta pra elas que elas vão afirmar sua identidade. Eu acho que temos a necessidade de retrabalhar a palavra quilombo, divulgar um pouco mais e tentar conscientizar a população e as pessoas de que ser quilombola nada mais é do que ser negro, ser descendente do seu grupo étnico que ali viveu. A gente só está afirmando justamente a negritude. Em muitas comunidades a gente pergunta "você é quilombola?" e dizem "não" "você é negro?", "Sou", "Você é descendente de fulano que é negro?", "sou." Já existe uma facilidade de assumir a negritude. Por isso, que eu acho muito injusto a forma como as pessoas usam e querem destruir as nossas bases legais com esses argumentos que são absurdos.[33]

Como ressalta Aparecida, há uma diferença entre a identidade negra e quilombola, pois as comunidades são compostas em sua ampla maioria por negros e provém de uma identidade de resistência negra, mas nem todos os negros são quilombolas:

> Nosso ponto de vista é que todo quilombola, a maioria dos quilombolas é negro. Mas nem todo negro a gente tem condição de dizer que é quilombola, porque a gente sabe como foi a formação dos quilombos e a gente sabe que no período da escravidão, muitos quilombos foram formados e a gente sabe que na abolição da escravatura muitos negros não saíram para roça, foram pra cidade. E ali tiveram que sofrer e sofrem até hoje todos os tipos de discriminação, de seqüelas. Mas de certa forma eles tiveram que perder a ligação com aquele território. Necessariamente, ele não formou um quilombo, mas teve outras formas de vivencias e também de enfrentar outras dificuldades na cidade.

Ronaldo também indica em sua fala o quanto a apropriação do significado da palavra quilombo foi difícil em sua comunidade, historicamente reconhecida (e auto reconhecida) como terra de preto:

> A comunidade de Campinho [da Independência] sempre teve, no contexto do município, essa identidade de família. Essa idéia do parentesco sempre foi muito forte na comunidade, na

[33] Idem.

> cidade sempre se falava isso, Campinho sempre foi conhecida por ser terra de preto, não tinha essa identidade quilombola, mas teve essa identidade de terra de preto e era unida em torno dos objetivos comuns. [...] No Campinho, esse conceito de quilombo veio com a pesquisadora[34]. Havia, inclusive, uma negação desse conceito. E eu me lembro quando pra mim esse conceito não soava bem, era incômodo. Mas ao mesmo tempo o conceito traz um direito e isso ajuda a se identificar com a questão.[35]

Jhonny Martins, quilombola de Mato Grosso do Sul, reflete o processo de apropriação da palavra quilombo em seu Estado e relata o seu uso por outros atores com um sentido depreciativo:

> No Mato Grosso do Sul, a palavra quilombo as pessoas até pesquisavam. Mas, no Estado do boi, nossos fazendeiros, nossos queridos racistas, diziam que isso ia deixar nós como os índios que a nossa terra ia ser da União, que isso era coisa que não existia mais, que nós íamos voltar a ser escravo, até mesmo faziam piadinhas dizendo que a Lei Áurea foi assinada de lápis. Mas, a partir do momento que Furnas do Dionísio e Furnas da Boa Sorte eram comunidades formadas que tinham uma opinião própria e já conheciam um pouco desse nome, já conheciam um pouquinho da palavra quilombola, já sabiam que existia, a gente começou a fazer troca de experiência. Pegávamos as outras 12 comunidades [do Estado de Mato Grosso do Sul] que ainda não eram reconhecidas e levávamos até Furnas do Dionísio, Furnas da Boa Sorte para conhecer a nossa experiência.[36]

Hildima dos Santos, liderança quilombola do Amapá, relata postura semelhante de abordar de forma depreciativa a luta e a identidade quilombola por parte de um agente público:

> Agora o pessoal está preocupado. O presidente do Instituto de Mobilização da Terra, o Imap, do Amapá, ele desgranha você, diz que tu é fraco, que fica agora com essa invenção de

---

[34] Ronaldo refere-se à pesquisadora Neusa Gusmão, que escreveu sua tese de doutorado sobre a comunidade de Campinho, a terra de preto.
[35] Ronaldo, comunidade de Campinho da Independência, Rio de Janeiro. Entrevista feita para pesquisa de mestrado da autora sobre o movimento quilombola, defendida em 2008.
[36] Jhonny Martins, Comunidade de Furnas do Dionísio, Mato Grosso do Sul. Idem.

quilombola. Ele já tentou tomar as terras indígenas, os índios foram pra cima dele, na época que ele era deputado, e agora ele está em cima das terras quilombolas.[37]

Essa categoria por si só não deve ser o motor identitário para definir o que e quem são as comunidades quilombolas, uma vez que a sua fixidez vai de encontro à realidade múltipla das comunidades, e os desígnios que historicamente são utilizados por esses grupos para se auto identificarem.

> O recurso de método mais essencial que, suponho, deva ser o fundamento da ruptura com a antiga definição de quilombo refere-se às representações e práticas dos próprios agentes sociais que viveram e construíram tais situações em meio a antagonismos e violências extremas. A meu ver, o ponto de partida da análise critica é a indagação de como os próprios agentes sociais se definem e representam suas relações e práticas com os grupos sociais e as agências com que interagem. Esse dado de como os grupos sociais chamados 'remanescentes' se definem é elementar, porquanto foi por essa via que se construiu e afirmou a identidade coletiva. O importante aqui não é tanto como as agências definem, ou como uma ONG define, ou como um partido político define, e sim como os próprios sujeitos se auto-representam e quais os critérios políticos organizativos que norteiam suas mobilizações e forjam a coesão em torno de uma certa identidade. Os procedimentos de classificação que interessam são aqueles construídos pelos próprios sujeitos a partir dos próprios conflitos, e não necessariamente aqueles que são produtos de classificações externas, muitas vezes estigmatizantes. Isso é básico na consecução da atividade coletiva e das categorias sobre as quais ela se apóia.[38]

Sobre essa questão, Arruti, apresenta reflexões em relação à mobilização política da Comunidade do Mocambo, localizada em Sergipe, em meio ao processo para reconhecimento como remanescente de quilombo. O autor destaca que essa categoria exógena, completamente nova para esse grupo, causou processos de estranhamento.

---

[37] Hildima dos Santos, comunidade Igarapé do Lago, Amapá. Idem.
[38] ALMEIDA, Alfredo W. B. de. Os Quilombos e as Novas Etnias. In: O'DWYER, Eliane Cantarino. *Quilombos:* Identidade Étnica e Territorialidade. Rio de Janeiro, Editora FGV, 2002, p. 67-68.

Ressalta, contudo, a importância da dimensão da memória e dos laços de parentesco para fortalecer essa luta: "o direito do acesso à terra [estrutura-se] na memória de uma ancestralidade e na malha de seus parentescos"[39].

Givânia Maria da Silva, liderança quilombola de Conceição das Crioulas – Pernambuco, apresenta suas reflexões sobre a categoria quilombo e os seus reflexos identitários e políticos:

> As comunidades têm processos diferentes e características diferentes. Nós [movimento quilombola] não trabalhamos com denominação fechada. Por exemplo, se alguma comunidade se classifica como terra de preto, nós aceitamos porque a denominação de quilombola veio do Estado. Essa é apenas a forma delas se definirem. É importante trabalhar com o conceito amplo, como está na legislação que é o termo quilombo, mas não desrespeitar as dinâmicas locais. No final os termos querem dizer a mesma coisa, pois no conceito geral elas são quilombolas sim! Respeitamos essas peculiaridades, pois é uma forma delas se auto-definirem. Isso ajuda as pessoas a se construírem suas histórias. Isso nos leva mais uma vez a afirmar que os processos de luta se deram de vários formatos. Ele se deu na luta pela resistência pela terra, ele se deu nas terras da igreja, por isso as terras de santo, ele se deu nos engenhos e fazendas falidas, enfim, ele se deu em vários processos, com características semelhantes, mas com suas peculiaridades. O que nos une são outros significados. Para nós quilombo, terra de preto, terra de santo, ou outros tem o mesmo significado que é a luta e resistência pela garantia de seus direitos.[40]

A perspectiva político-organizativa, a memória coletiva e as estratégias de luta comum das comunidades são estruturais para que se busquem formatações mais dialogadas no processo de construção dessas categorias, tais como a de comunidade quilombola. A historicidade das comunidades quilombolas deve ser fundamentalmente pensada quando se busca enquadrá-las em conceitos, tanto pelo poder público como pela academia.

---

[39] ARRUTI, José Maurício. *Mocambo/Sergipe:* negros e índios no artesanato da memória. Tempo e Presença298, suplemento mar./abr., 1998. p. 28.
[40] Entrevista feita para pesquisa de mestrado da autora sobre o movimento quilombola, defendida em 2008.

Pensar a historicidade dos conceitos que hoje são usados por esses atores estatais e da academia também é importante, uma vez que a própria categoria quilombo remete, muitas vezes, naquelas comunidades que a escutam, a um sentimento de rejeição pelo histórico de sua construção.

O processo de criação de conceitos territoriais e étnicos dialoga com dinâmicas históricas presentes nesses conceitos, com as reflexões e análises elaboradas pela atividade acadêmica, pelas construções realizadas pelo poder público que as utiliza para o reconhecimento legal do que existe socialmente, e pelos próprios conceitos das comunidades em questão. Há, portanto, uma diversidade de fatores que operam juntos entre as "criações sociais, feitas simultaneamente de imaginação sociológica, criações jurídicas, vontade política e desejos"[41].

Esse processo, contudo, apresenta um risco que é a sobreposição de conceitos fixos, enrijecidos e exógenos às comunidades (construídos pelo poder público ou por parte da academia) em relação às categorias das próprias comunidades. Além dessa sobreposição, esse debate de categorias e conceitos apresenta, no cenário político, complicantes no que concerne às iniciativas de impedir a efetivação dos direitos a esses grupos, sobretudo em relação aos fundiários.

Para além dos cenários conflitantes gerados pelo conceito de quilombo no processo organizativo das comunidades quilombolas, cabe destacar outros que são gerados a partir das relações estabelecidas entre as comunidades, suas lideranças e o Estado.

> Esse processo de reconhecimento da nossa comunidade enquanto quilombola não foi fácil. Não sabíamos o que significava quilombo e os fazendeiros da região falavam pra gente que a gente ia ser índio, que as nossas terras seriam da União, que a gente ia voltar a ser escravo. Nesse processo, trazíamos pessoas das outras comunidades do estado e a partir do momento que eles viam que Furnas do Dionísio[42] tinha sinal digital, tinha escola até o ensino médio, posto de saúde e que

---

[41] ARRUTI, José Maurício. *A emergência dos "remanescentes"*: Notas para o diálogo entre indígenas e quilombolas. Mana 3(2), 1997. p. 7.
[42] Comunidade Quilombola situada em Mato Grosso do Sul.

existia política pra isso, mas pra isso as pessoas tinham que se identificar e batalhar pelos seus direitos. A gente procurou o INCRA pra referendar esse processo, pra ter o documento base pra referendar. No começo, a influencia de pessoas querendo destruir esse processo é muito grande, porque algumas pessoas acham que vamos tomar os direitos deles. Ainda não está muito bem consolidado, sofremos muita represália. Outra coisa que atrapalha é a demora das políticas chegarem nas comunidades, a titulação da terra. O governo quando quer um status faz a política bem rápida, como foi o caso de Dionísio, que ganhou bastante coisa em 2 anos, porém ela era a menina de ouro do Governo. Com as outras comunidades, a coisa é bem diferente, já não tratam mais como prioridade. Isso tem grande influência em nossa organização.[43]

Os cenários conflitantes externos se apresentam como elementos que potencializam os enredos internos dos grupos quilombolas. As tramas que envolvem os interesses políticos de agentes do Estado e de comunidades quilombolas, na execução de políticas públicas, por exemplo, são fatores que geram muitos desgastes no movimento e em sua representatividade junto às comunidades.

A legitimidade das lideranças que atuam em cenários nacionais, tal como o da Conaq, é intimamente influenciada pela viabilidade do acesso ou não das políticas públicas existentes às comunidades que representam. Esse processo gera, muitas vezes, uma correlação de forças desgastantes ao próprio quadro das representações, pois as dinâmicas das organizações quilombolas acabam sendo influenciadas por processos políticos maiores, que envolvem outras estruturas de poder no âmbito das representações governamentais.

As contradições e conflitos internos ao próprio movimento, como os gerados pelo conceito de quilombo, pelo acesso às políticas públicas e outros fatores, são elementos importantes para compreender a dinâmica interna, e também, para complexificar a dimensão organizativa do movimento quilombola.

---

[43] Jhonny Martins, liderança da Comunidade de Furnas do Dionísio, Mato Grosso do Sul e integrante da CONAQ. Entrevista feita para pesquisa de mestrado da autora sobre o movimento quilombola, defendida em 2008.

Josilene Brandão, durante a audiência pública coordenada pelo Ministério Público Federal, por meio da 6ª Câmara, sobre os direitos das comunidades quilombolas, realizada na Câmara dos Deputados, em Brasília, sinaliza o cenário de oposição à implementação dos direitos quilombolas e dá ênfase aos elementos constitutivos da identidade desses grupos:

> Pra nós do movimento quilombola, em nome da coordenação nacional, que é apenas uma fala institucional, mas que é o resultado do que é o movimento quilombola no Brasil, queríamos começar dizendo quem são os quilombolas. Porque nós estamos com quilombos de mais de trezentos anos nesse País e até hoje nós temos gastado energia pra dizer pra esse Estado brasileiro quem são os quilombos. E isso pra nós é motivo de constrangimento porque isso significa dizer que esse Estado não reconhece os seus e não sabe quem constitui essa sociedade. E pra dizer quem são os quilombolas eu queria dizer que não somos descendentes de escravos, nós somos descendentes de africanos. A Escravidão foi uma condição social que vocês [o Estado] nos impuseram. Portanto, os quilombos não nascem apenas de uma herança escrava. Ele nasce de uma determinação do povo negro de que nós não queríamos ser escravos. Nós nos rebelamos contra a escravidão porque nós nascemos livres e queríamos ser livres, e uma das maiores expressões de liberdade desse país foi a constituição dos quilombos. Portanto, nós somos construtores da sociedade brasileira, somos parte fundamental do processo de construção desse país, que a duras penas se constituiu e hoje nega seu passado, nega sua origem. Na condição de herdeiros de africanos, nós trouxemos pra cá como parte de nossa memória o processo cultural que contribuiu para a constituição do Brasil. E é exatamente porque nós estamos aqui que nós dizemos que estamos cansados de sermos tratados como estrangeiros, nós não somos estrangeiros, somos brasileiros e fazemos parte do patrimônio cultural desse país. Portanto, os quilombos que se constituíram nesse país não podem mais passar despercebidos das políticas públicas e ficar explicando em todas as esquinas quem somos nós.[44]

---

[44] Josilene Brandão, liderança da CONAQ. Fala realizada durante a Audiência Pública coordenada pelo MPF em 19/09/2007.

Audiência pública sobre direitos quilombolas, coordenada pelo Ministério Público Federal, por meio da 6ª Câmara, em 19 de setembro de 2007, com ampla participação de organizações e lideranças quilombolas de todo o país. No auditório Nereu Ramos, Câmara dos Deputados - Brasília, DF.

Foto: Bárbara Oliveira

Exposição de Josilene Brandão, represente da CONAQ nessa audiência pública realizada no dia 19 de setembro de 2007, em Brasília - DF.

Foto: Bárbara Oliveira

Manifestação das organizações quilombolas em defesa do Decreto 4887/2003, cuja constitucionalidade está em processo de julgamento no Supremo Tribunal Federal, durante audiência pública realizada em 19 de setembro de 2007, em Brasília - DF.

Foto: Bárbara Oliveira

As perspectivas de identidade e resistência estabelecem estreita relação na abordagem feita por Josilene Brandão. A identidade quilombola nasce dessa "determinação", dessa estratégia de fazer frente às lógicas excludentes e repressivas do Estado brasileiro. Portanto, a identidade de resistência quilombola se constitui e se expressa como afirmação da cultura, da organização social, dos usos e costumes, da territorialidade das comunidades quilombolas, em contraponto àquelas que se concebem na dita "sociedade nacional".

A reflexão sobre a identidade quilombola passa também pela identidade negra. É importante ressaltar que muitas das comunidades quilombolas se constituem como espaços interétnicos e interraciais. Essa perspectiva, contudo, não descaracteriza a identidade negra que é fundante para esses grupos e é ressaltada na forma como muitas lideranças expressam sua identidade e de suas comunidades, como na narrativa exposta acima.

A perspectiva identitária que molda o constructo de pertença à categoria étnicorracial se dá em uma esfera fundamentalmente relacional, na qual se é visto como tal pelo grupo e assim é possível se ver. Fredrik Barth[45] incita, em suas ponderações, as fronteiras étnicas e a importância da relação com o "outro" para a construção do "nós" e vice-versa. As distinções entre categorias étnicas implicam efetivamente em processos de exclusão e de incorporação. Apesar das mudanças de participação e pertencimento no processo histórico individual e coletivo, as distinções que dão voz a "nós" e a "eles" são reificadas, porém mantidas.

Kabenguele Munanga também ressalta o caráter relacional da identidade:

> Qualquer grupo humano, através de seu sistema axiológico sempre selecionou alguns aspectos pertinentes de sua cultura para definir-se em contraposição ao alheio. A definição de si (autodefinição) e a definição dos outros (identidade atribuída) têm funções conhecidas: a defesa da unidade de grupo, a proteção do território, as manipulações ideológicas por interesses econômicos, políticos, psicológicos.[46]

A identidade, portanto, é um constructo das relações sociais. Se refere a um modo de ser no mundo e de ser na relação com os outros. A identidade resulta também na ênfase na diferença, pois ao mesmo tempo em que aproxima o nós, distancia o outro.

Nessa perspectiva identitária, é fundamental, como pontua Rita Segato, conceber o elemento cor como signo. Se é um elemento semântico, portanto, é o produto de uma atribuição, de um modo de ler socialmente compartilhado e de um dado contexto histórico.

> Num país como o Brasil, quando as pessoas ingressam a um espaço publicamente compartilhado, classificam primeiro – imediatamente depois da leitura de gênero binariamente, os excluídos e os incluídos, lançando mão de um conjunto de vários indicadores, entre os quais a cor, isto é, o indicador baseado na visibilidade do traço de origem africana, é o mais forte. Portanto, é o contexto histórico da leitura e não uma determinação

---

[45] BARTH, Frederik. Os grupos étnicos e suas fronteiras. In:*O Guru, o Iniciador e Outras Variações Antropológicas*. Tradução de J.C. Comerford. Rio de Janeiro: Contracapa, 2000 [1969].

[46] MUNANGA, Kabenguele (Org.).*História do Negro no Brasil – o negro na sociedade brasileira:* resistência, participação, contribuição – volume I. Brasília: Fundação Cultural Palmares – MinC com apoio do CNPq, 2004. p. 177-178.

do sujeito o que leva ao enquadramento, ao processo de outrificação. Por outro lado, ser negro como "identidade política" significa fazer parte do grupo que compartilha as conseqüências de ser passível dessa leitura, de ser suporte para essa atribuição, e sofrer o mesmo processo de "outrificação" no seio da nação.[47]

A auto identificação política como negro e como quilombola, e o processo que a permeia de negação e afirmação dessa identidade, está presente na narrativa de várias das lideranças entrevistadas:

> O pessoal das comunidades há pouco tempo começou a se identificar como negro e como quilombola. Ainda tem resistência, mas antigamente tinha muita gente com vergonha de dizer que era negro e que era quilombola. Até hoje, muitos tem medo de se apresentar como quilombola.[48]

Sandra Silva, integrante da Federação Estadual de Quilombos de Minas Gerais e representante desse estado na CONAQ, comenta a auto identificação das comunidades como um processo complexo, reflexo dos mais de três séculos de escravidão e da reificação do racismo:

> Nas comunidades de Minas, muita gente tem medo de assumir sua identidade de negro quilombola e voltar a ser escravo. Os mais antigos não gostam que mexa na história. A gente fica dias na comunidade mostrando que isso não existe mais, que a escravidão acabou, a lei mudou, agora tem proteção e tudo, a gente só quer lutar para garantir pras comunidades o acesso à terra pra plantarem, pra terem uma vida mais digna. Aí, as pessoas vão entendendo a nossa luta, mas é difícil.[49]

A autoafirmação da identidade negra e quilombola passa, em muitas das narrativas presentes nessa pesquisa, por um processo de afirmação da luta coletiva que tem a partir da afirmação identitária um grande pilar. Essa autoafirmação representa um radical rompimento com a invisibilidade desses grupos, com a opressão histórica sofrida e

---
[47] SEGATO, Rita Laura. *La nación y sus otros: raza, etnicidad y diversidad religiosa em tiempos de políticas de la identidad.* Buenos Aires: Prometeo Libros, 2007. p. 4.
[48] Cledis Souza, liderança quilombola da Comunidade de Rincão dos Martimianos, integrante da CONAQ. Entrevista feita para pesquisa de mestrado da autora sobre o movimento quilombola, defendida em 2008.
[49] Sandra Silva, liderança de Minas Gerais na CONAQ. Idem.

com o racismo. Portanto, reconhecer e afirmar a identidade negra e quilombola se situa como parte fundamental da trama político-organizativa das comunidades pela luta em prol de seus direitos[50].

Essa identidade se conforma ao longo da história de nosso país a partir de uma multiplicidade de formas, com base nas lógicas de cada grupo e de cada contexto. O diálogo e o estabelecimento de uma rede de relações mais abrangente entre as comunidades quilombolas se fortalecem de forma crescente nas últimas décadas do século XX e nesse princípio do século XXI. Um fruto expressivo dessa organização é a mobilização para a inserção no texto constitucional do artigo 68, do Ato das Disposições Constitucionais Transitórias, em 1988.

Após a entrada em vigor do Artigo supracitado, a interação e a organização política das comunidades quilombolas ganham proporções nacionais. A identidade desses grupos atualmente estabelece redes cada vez mais amplas de solidariedade, luta comum e caminhar partilhado na busca pela garantia de seus direitos. A identidade de resistência é, portanto, fundante para a identidade quilombola.

Outro elemento presente na fala de Josilene Brandão remete-se às várias iniciativas em curso, seja em âmbito local, como nacional, de questionar a identidade quilombola, tendo como eixo central uma concepção enrijecida do conceito de quilombo.

Essa abordagem oposicionista reflete, também, a não incorporação histórica por parte do Estado brasileiro de sua pluralidade. O Estado brasileiro se constitui sem conceber e reconhecer a pluralidade de povos e culturas aqui presentes. Esse Estado, construído a partir de um viés embranquecido e eurocêntrico, que negou a sua alteridade é apontada fortemente na abordagem de Brandão.

A constituição do Estado, apesar de serem os africanos (e seus descendentes) e os indígenas elementares nesse processo, foi concebida a partir da negação dessa parte fundamental. Essa negação expressou-se no não reconhecimento de outros usos e concepções da terra para além da privada, a partir da Lei de Terras, de 1850; expressou-

---

[50] Nas narrativas das lideranças quilombolas, a identidade negra é reafirmada como pilar da identidade quilombola e isso não contradiz o fato de as comunidades quilombolas apresentarem muitas vezes uma composição interétinica (com a presença de pessoas que se autodeclaram brancos e indígenas, por exemplo).

-se na proibição de serem usadas línguas africanas e indígenas, de serem praticadas outras formas de religião e de tradições [51]. Ou seja, é um Estado que, nas palavras de Josilene, concebe esses vários povos e comunidades aqui presentes como "estrangeiros", na medida em que não incorpora essas visões em sua constituição e não os concebe como parte de seu corpo.

As reflexões de Stuart Hall, sobre as identidades e a diáspora são bastante relevantes para a questão quilombola em nosso País. As ponderações relativas à identidade cultural podem apresentar-se de modo paradoxal, sobretudo em sociedades compostas por diversos povos, como o caso da brasileira. As origens dessa multiplicidade de povos são diversas e a associação civil estabelecida foi inaugurada por um ato de vontade (e violência) imperial. Hall, abordando o Caribe, pontua que essa região renasceu de dentro da violência e por meio dela: "A vida para a nossa modernidade está marcada pela conquista, expropriação, genocídio, escravidão, pelo sistema de engenho e pela longa tutela da dependência colonial"[52].

A maioria dos povos que compuseram o dito 'novo mundo' provém de diversas partes do globo, com ênfase na participação africana nessa mobilidade imposta. A construção do próprio termo África, como ressalta Hall, provém dessa percepção moderna, englobante e violenta, uma vez que refere-se a diversos povos, culturas e línguas, cujo ponto de origem central é o próprio tráfico de negras e negros em situação de escravidão.

As identidades culturais, em situações coloniais e pós-coloniais, constituem-se pelas relações interétnicas, a partir do processo denominado por Hall como "zona de contato". São estabelecidas relações entre povos e culturas antes geograficamente isolados. Um ponto central nessa conjuntura, contudo, é o contexto colonial e pós-colonial no qual o estabelecimento dessa "zona de contato" se constitui por relações de poderes extremamente desequilibradas e desiguais.

A constituição das identidades, segundo Stuart Hall, é, nesse complexo processo, estratégica e posicional. O autor aponta que a identificação está vinculada de modo mais intenso com questões ligadas

---
[51] Até meados do século XX, o candomblé era crime no Brasil, assim como a capoeira e as rodas de samba.
[52] HALL, Stuart. Da diáspora: Identidades e mediações culturais. Belo Horizonte: Editora UFMG, 2003. p. 30.

às reflexões do que podem vir a se tornar as comunidades e povos, a como esses grupos são representados e em como essas representações incidem na forma de auto representação. Essas construções identitárias, nos contextos pós-coloniais, são mais relevantes do que aquelas relacionadas à busca pela origem ou pela essencialização presente na ideia de quem somos. Hall reflete que o processo de construção das identidades culturais não se trata do retorno às raízes pura e simplesmente, mas das possibilidades de negociação dos caminhos partilhados pela coletividade.

A construção identitária, de acordo com Hall, estrutura-se a partir das lutas discursivas, da legitimação de um discurso diante de outro discurso já legitimado. Esse processo de identificação, pensado sob a ótica coletiva, se constrói dialogicamente, e é um campo fundamental para identidades coletivas construídas em contextos coloniais e pós-coloniais, nos quais o silenciamento, englobamento e a violência foram fundantes.

Na dinâmica de construção identitária, as comunidades quilombolas constroem um *locus* no imaginário nacional que se define pela afirmação de sua condição de alteridade, de diferença, de outro em contraponto à sociedade nacional[53]. Contrapõem, desse modo, a noção do englobamento, do não existir, da extinção e apresentam-se também como símbolo de lutas pela garantia efetiva de suas diferenças, de seus usos e costumes.

Essa construção do outro não parte, contudo, de uma oposição rígida, embora radical. Citando Derridá, Hall reflete que em contextos pós-coloniais a diferença não se constitui por meio de binarismos, fronteiras veladas, mas de significados que são posicionais e relacionais.

> A diferença, como sabemos, é essencial ao significado, e o significado é crucial à cultura [...] Sempre há um "deslize" inevitável do significado na semiose aberta de uma cultura, enquanto aquilo que parece fixo continua a ser dialogicamente reapro-

---

[53] A percepção de identidade contrastiva, a partir das relações estabelecidas com outros grupos, ocorre em alguns casos também com as comunidades quilombolas e povos indígenas. Exemplo disso é o vivenciado em Conceição das Crioulas (Pernambuco).

priado. A fantasia de um significado final continua assombrada pela "falta" ou "excesso", mas nunca é apreensível na plenitude de sua presença em si mesma.⁵⁴

Em relação à concepção dos campos discursivos, o processo de assumir a identidade quilombola tem seu foco na diferença dialógica e no esforço de reconstrução da história, enredado a partir do fio da memória desses grupos. Essa dimensão tem permitido trazer à tona os campos de nossa sociedade e de nossa história enquanto nação que foram suprimidos e silenciados.

Os frequentes questionamentos à identidade quilombola, os trabalhos que buscam apontar falhas e fraudes no processo de certificação das comunidades e nos de titulação das terras quilombolas direcionam, majoritariamente, para a tentativa de inibir a reconfiguração fundiária a partir de outros desenhos e outras perspectivas e o reconhecimento da pluralidade étnico-racial brasileira.

Essa conjuntura estabelece relação com outros processos vivenciados em regiões bastante distantes, e em contextos distintos. Rita Segato aborda um deles, denominado pela grande mídia como "limpeza étnica", mas que objetivamente foi caracterizado como um processo de expropriação da terra, no qual o interesse fundiário norteou todo o ocorrido:

> Nada melhor do que as palavras de Robert Fisk, a respeito do despejo dos mulçumanos bósnios pelos sérvios: limpeza étnica! Facilmente nossos repórteres aceitaram essa frase quando os mulçumanos estavam vivendo em lugares devastados e estavam sendo violados e assassinados pelos sérvios, não porque eram etnicamente diferentes de seus agressores sérvios, mas porque os sérvios queriam as terras dos mulçumanos, e as tomaram.⁵⁵

Os interesses contrários aos direitos quilombolas, que se insurgem contra essa identidade, lutam principalmente pela não garantia do direito às terras que as comunidades têm, uma vez que a

---

⁵⁴ HALL, Stuart. *Da diáspora:* Identidades e mediações culturais. Belo Horizonte: Editora UFMG, 2003, p. 33.
⁵⁵ SEGATO, Rita Laura. *La nación y sus otros: raza, etnicidad y diversidad religiosa en tiempos de políticas de la identidad.* Buenos Aires: Prometeo Libros, 2007, p. 15-16.

titulação significa que a terra se torna inalienável, coletiva, contradizendo, dessa forma, os interesses do agronegócio, do latifúndio e da especulação imobiliária.

As lutas e mobilizações quilombolas, contudo, ao longo da história do país se fizeram presentes e, a partir dos contextos históricos de cada época, buscaram as estratégias possíveis para estabelecer-se em contraponto aos seus antagonistas. Portanto, o movimento quilombola, peça chave na construção da história de nossa sociedade, hoje dialoga com antagonismos distintos dos séculos anteriores, o que pressupõe novas estratégias de luta.

A característica singular que aproxima a dimensão do quilombo no período colonial às mais recentes formas organizativas dos quilombos contemporâneos está presente nos usos e costumes, cujas práticas estabelecem uma necessária integração da comunidade, com vistas à consolidação do território coletivo.

A identidade étnica de um grupo é a base para sua organização, sua relação com os demais grupos e sua ação política. A maneira pela qual os grupos sociais definem a própria identidade é resultado de uma confluência de fatores, constituídos pelo próprio grupo, tais como a ancestralidade comum, formas de organização política e social, elementos linguísticos e religiosos. Em relação ao movimento quilombola, essa identidade nasce da determinação de afirmar-se como alteridade, de lutar pelo seu território a partir de sua perspectiva constitutiva, de compartilhar lutas e caminhos comuns.

# CAPÍTULO 4

## AQUILOMBAR-SE

> *Nos porões fétidos da história*
> *Comi podridões. Endoideci. Adoeci.*
> *Atiraram-me no mar do esquecimento*
> *Agarrei-me às ancoras passadas-presentes*
> *Cavalguei as ondas*
> *Desemboquei*
> *Rumo à vida*
>
> A Razão da Chama – Miriam Alves

A ideia central do movimento de "aquilombar-se" reside nas várias estratégias e mobilizações impetradas pelos quilombos, mocambos, terras de preto, terras de santo (dentre outras denominações existentes) ao longo de seus processos históricos, para defender suas comunidades e seus territórios. "Aquilombar-se" refere-se, portanto, às ações empreendidas por agentes sociais denominados como quilombolas frènte aos antagonismos que se caracterizam de diferentes formas, e que demandam ações de luta ao longo das gerações para que esses sujeitos tenham o direito fundamental a resistirem e existirem com seus usos e costumes, em seus territórios tradicionais. Esse existir tem um movimento voltado para a coletividade, para os laços que unem os quilombolas entre si e que, em um movimento mais amplo e recente, articula as comunidades de distintas regiões.

Por meio de estratégias as mais variadas possíveis, essas comunidades se estabelecem enquanto lócus de alteridade em relação à dita sociedade nacional e reivindicam o reconhecimento de sua cultura, de seus costumes, de suas formas de organização. Essa busca por reconhecimento passa, de forma elementar, pelo reconhecimento de seu território a partir da lógica que o fundamenta, distinta da perspectiva privada, abarcando uma dimensão holística dos aspectos sociais, culturais e econômicos desses grupos.

Ivo Fonseca, liderança quilombola da CONAQ e da Aconeruq, aborda o movimento de lutas das comunidades quilombolas, em uma perspectiva histórica de processo: *"O movimento quilombola pode se associar ao movimento contra a escravidão. Você pode ver que as nossas lutas de hoje não são muito diferentes [daquelas] da época da escravidão"*[1]. Givânia Silva também reflete sobre esse processo mais amplo de resistência das comunidades quilombolas:

> Os desafios de hoje são os desafios de ontem. Porque os de ontem? Porque esses foram o desafio da superação dos navios, da escravidão, do anonimato, do abandono, e etc. Os de hoje não são esses, mas tem a mesma finalidade que é anular qualquer possibilidade de que preto nesse País seja tratado como o restante da população. Quando a grande imprensa, o latifúndio, setores conservadores da sociedade reagem contra essa política nós entendemos que o que está acontecendo hoje é o mesmo que aconteceu ontem, só que por outros meios e outros mecanismos. O que está posto é a certeza de que cada vez mais precisamos estar unidos. É uma luta árdua e, acima de tudo, é uma luta coletiva.[2]

Creio que apresentar a dimensão de que o movimento quilombola compõe-se de um processo histórico de luta pela existência, a partir de seus usos e costumes, seja um elemento estrutural da perspectiva do "aquilombar-se". Esses antagonismos marcaram e marcam as mobilizações, ações e o caminhar dessas comunidades, exigindo uma adequação de iniciativas em diálogo com os contextos de cada época.

Neste capítulo, serão enfocadas as mobilizações e estratégias político-organizativas posteriores à Lei Áurea das comunidades quilombolas, com ênfase no desenho de movimentos, coordenações, associações e federações nas últimas décadas. Essas organizações, fruto das articulações nas e entre as comunidades, refletem aspectos organizacionais desses grupos e as respectivas relações estabelecidas com a dita "sociedade nacional" e com o Estado.

Serão abordadas, também, as mobilizações negras urbanas que em diálogo com as mobilizações negras rurais foram fundamentais

---

[1] Entrevista feita para pesquisa de mestrado da autora sobre o movimento quilombola, defendida em 2008.
[2] Idem.

para denunciar e desmistificar a concepção de que após a assinatura da Lei Áurea a situação dos negros e negras tornou-se harmoniosa e estável. Essa resistência negra ganhou, no período pós-abolição, novos contornos e estratégias.

A sociedade brasileira, no pós-abolição, não efetivou um processo concreto de reconhecimento da população negra em sua diversidade como parte constitutiva sua e construiu ao longo dos séculos XIX, XX e XXI um complexo enredo de desigualdade racial. Os segmentos e grupos empobrecidos de descendentes de africanos, cuja parte era até então de escravizados, mesmo após a abolição da escravidão e a proclamação da república permaneceram em completa e violenta desigualdade. Todavia, não apenas a opressão marca os processos vivenciados por esses grupos. É fundamental lembrar a importância que tiveram os movimentos, resistências e reações por parte da população negra.

No período posterior a 1888, além da grande desigualdade, a população negra de modo geral e as comunidades quilombolas, em especial, são invisibilizadas no escopo do Estado. O debate e a tônica que trazem para a sociedade brasileira a discussão sobre a questão quilombola, no século XX, são frutos de um longo processo. Os movimentos negros urbanos tiveram grande peso nesse contraponto à invisibilidade. Somado a isso, e caracterizando-se como um marco desse processo, está a força e resistência das comunidades quilombolas, que perpassaram a história do Brasil com uma diversidade de formações e abrangendo todas as regiões do país e chegam ao século XXI reivindicando seus direitos fundamentais, com ênfase no direito à terra.

O mapa, disposto a seguir, traz uma representação espacial da distribuição das comunidades quilombolas no Brasil, considerando o universo das comunidades quilombolas identificado no Censo 2022. De acordo com o Censo, o Brasil possui 8.441 localidades quilombolas, associadas a 7.666 comunidades quilombolas declaradas pelos informantes durante o levantamento. A Região Nordeste apresenta o maior quantitativo de localidades quilombolas identificadas, com 5.386 (63,81%) ocorrências, sendo o Maranhão o estado com o maior número, com 2.025 localidades, 23,99% do total.

Distribuição Espacial, por município, das Localidades Quilombolas no Brasil[3]

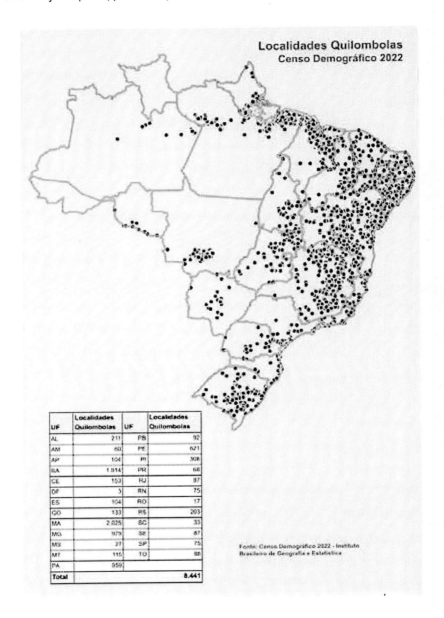

---

[3] Fonte: Censo Demográfico - Instituto Brasileiro de Geografia e Estatística (2022).

Os movimentos negros urbanos, nesse debate da questão quilombola, são muito relevantes. A discussão sobre os quilombos tem voz na Frente Negra Brasileira, nos anos 1930; surge em movimentos dos anos 1940, 1950, tais como o Teatro Experimental do Negro, de autoria de Abdias do Nascimento, e ganha fôlego no bojo da institucionalização do movimento negro, nas décadas de 1970 e 1980, conforme já discutido anteriormente.

Com o acirramento dos conflitos fundiários, reflexo do intenso levante grileiro[4] das décadas de 1970 e 1980, as comunidades quilombolas se juntaram às organizações do movimento negro urbano, às vinculadas à luta pela reforma agrária, a setores da academia e do parlamento e empreenderam forte mobilização pela visibilidade da questão das comunidades negras rurais, terras de preto e mocambos em diversos estados do país.

Essa mobilização se materializou de modo bastante significativo nos encontros realizados pelas comunidades negras para discutir perspectivas legais visando outras configurações fundiárias. Os Estados que marcaram as primeiras mobilizações articuladas das comunidades quilombolas foram o Maranhão, o Pará, Bahia, São Paulo, Goiás e o Rio de Janeiro.

A mobilização dos movimentos negros (abarcando os movimentos quilombola, de mulheres, urbano, dentre outros), em conjunto com outros parceiros como acadêmicos e parlamentares, colocou em pauta o direito à terra às comunidades quilombolas e, por fim, levou à aprovação do Artigo 68, medida de caráter de reparação aos negros pela dívida histórica da sociedade brasileira para com a população afro-brasileira. O Artigo 68 marca um divisor de águas da categoria quilombo no escopo legal do Estado, uma vez que de categoria de transgressão e crime (presente nas legislações coloniais e imperiais brasileiras), passa para categoria que reivindica direitos.

O período posterior ao Artigo 68 tem sido marcado por uma grande inoperância do Estado no que diz respeito à sua implementação e por uma crescente organização e mobilização das comunidades

---

[4] As narrativas do acirramento do conflito fundiário nas comunidades quilombolas nesse período surgem em diversas entrevistas das lideranças.

quilombolas, cuja pauta se volta para a efetivação de seus direitos, com destaque para o direito à terra.

Nesse processo crescente de mobilização das comunidades quilombolas, é importante mencionar que para além do fortalecimento de organizações em âmbito local ou estadual, as comunidades passam a estabelecer articulações nacionais. Em 1995, no I Encontro Nacional das Comunidades Negras Rurais Quilombolas, realizado durante a Marcha Zumbi dos Palmares, é criada a Comissão Nacional Provisória das Comunidades Rurais Negras Quilombolas.

Marcha Zumbi, realizada em 20 de novembro de 1995, dia nacional da consciência negra, com a participação de lideranças do movimento negro e quilombolas de todo o país.

Foto: Fernando Cruz - Em Tempo. Acervo CSBH. Disponível em: http://novo.fpabramo.org.br/content/csbh-em-notas-no-21-novembro-de-2009 (acesso em 25/08/2015).

No ano seguinte, durante a Avaliação do I Encontro Nacional de Comunidades Quilombolas, realizada em Bom Jesus da Lapa – Bahia, é constituída a Coordenação Nacional de Articulação das Comunidades Negras Rurais Quilombolas, que tem como caráter central se constituir como movimento social, não se configurando como outras formas organizativas tais como organizações não governamentais, sindicatos ou partidos políticos.

## 4.1. Movimento Quilombola e a Perspectiva Movimentos Sociais

As reflexões acerca dos movimentos sociais são múltiplas, não havendo, portanto, uma única concepção do que sejam essas manifestações coletivas. De acordo com Gohn[5], os movimentos sociais simbolizam o conjunto de ações coletivas que objetivam a reivindicação de melhores condições de vida, a partir de um viés contestatório, e buscam estabelecer a construção de uma nova sociabilidade humana. Essas mobilizações sociais coletivas propiciam organizações e expressões das demandas dos grupos sociais de variadas formas. Essas diferentes maneiras se concretizam em denúncias, mobilizações, concentrações, manifestações, distúrbios à ordem constituída, dentre outras. Alons[6], em uma ampla revisão dos estudos sobre movimentos sociais, pontua que na década de 1970 surgem três correntes principais da teoria dos movimentos sociais: Teoria de Mobilização de Recursos, com destaque para alguns de seus autores como McCarthy e Zald; a Teoria do Processo Político, Doug McAdam e Tilly são alguns de seus representantes; e a Teoria dos Novos Movimentos Sociais, cujos alguns dos autores são Alain Touraine, Jürgen Habermas, Alberto Melucci.

As lutas sociais que emergiram na Europa, a partir do final da década de 1960, 1970, provocaram, a partir da perspectiva da teoria dos "novos movimentos sociais, o surgimento de novas abordagens que influenciaram de modo significativo os estudos sobre os movimentos sociais. As lutas sociais passam a pautar, nesse período, uma multiplicidade temática. São levantadas questões relativas à discriminação de gênero, etária, denúncias sobre o meio ambiente, dentre outras. Os chamados Novos Movimentos Sociais estruturam sua ação a partir das demandas relativas ao direito à diferença, tais como o movimento feminista, e de pessoas com deficiência. A referência ao "novo", nessa abordagem dos novos movimentos sociais, é colocada por Gohn como "uma nova forma de fazer política e a politização de novos temas."[7].

---
[5] GOHN, Maria da Glória. *Teoria dos movimentos sociais:* paradgmas clássicos e contemporâneos. 6. ed. São Paulo, Edições Loyola, 2007.
[6] ALONS, Angela. As teorias dos movimentos sociais: um balanço do debate. São Paulo, *Lua Nova*, 2009: 49-86.
[7] Idem, p. 124.

Em contraponto à perspectiva de intervenção do Estado, para assistir ou tutelar grupos sociais oprimidos e excluídos, os novos movimentos sociais reivindicam a autonomia e a autogestão dos grupos. A construção da autonomia, de acordo com Gohn[8] é feita por meio de projetos pautados pelos interesses coletivos que permeiam a autodeterminação; pela concepção de propostas de políticas públicas a partir de suas especificidades; de construir criticas e também propostas de resolução para os conflitos. A autonomia, de acordo com a autora, também se constrói com base no diálogo e na interlocução entre os representantes dos movimentos, nas negociações, fóruns de debates, diálogos com representantes do poder público, de modo que suas demandas sejam audíveis para os signos dos outros sujeitos que se relacionam com os movimentos.

Há diversas críticas em conceber muitos dos movimentos pautados em identidades coletivas como "novos". Com relação, por exemplo, às mobilizações negras é bastante complexo compreendê-las como processos que emergem apenas no contexto dos anos 1960. Se analisarmos as narrativas sobre as mobilizações negras abolicionistas no século XIX e pelos direitos e inclusão desse segmento na primeira metade do século XX, os elementos trazidos por Touraine[9], como, por exemplo, a ênfase na identidade coletiva, já estavam presentes.

Nesse caso, não há necessariamente uma mudança de orientação desses movimentos para focos "subjetivos" vinculados à identidade apenas a partir da década de 1960. A centralidade do debate antirracista e por direitos da população negra, baseados na construção de uma identidade coletiva compartilhada e numa crítica à situação de subalternidade socialmente fundada desse grupo social, ocorre desde o período colonial em diversos contextos da Diáspora Africana.

Creio que algo semelhante pode ser pensado sobre as mobilizações quilombolas, que a partir de diferentes estratégias, perpassou distintos momentos históricos do país e manteve a luta pelo direito aos seus territórios tradicionais. Diversos exemplos de defesa e de mobilização foram exemplificados nesse livro anteriormente, que não necessariamente apresentaram uma sincronicidade temporal com as décadas de 1960, 1970.

---

[8] Idem.
[9] TOURAINE, A. Os movimentos sociais. In: A. Touraine. Iguales y diferentes: podemos vivir juntos? Lisboa: Instituto Piaget, 1998: 127-172.

Outra crítica também feita é que muitos dos movimentos que baseam-se em dinâmicas de identidades coletivas compartilhadas, tais como os movimentos negros e quilombolas, não poderiam ser enquadrados totalmente no que os teóricos dos "novos movimentos sociais" denominam como "pós-materialismo". Hanchard[10] reflete sobre esse contexto no caso do movimento social afrobrasileiro e diz que esse não poderia ser em sua totalidade denominado "pós-material".

No caso do movimento quilombola, também visualizo que as demandas e lutas de reafirmação identitária não estão necessariamente desconectadas de demandas materiais. A própria reivindicação presente nas narrativas de lideranças quilombolas de haver uma necessidade de acesso a políticas públicas, como as habitacionais, de estímulo à geração de renda, e que essas devem ser implementadas em diálogo com os costumes das comunidades, demonstram que não há uma fissura necessariamente entre as mobilizações de caráter identitário e material.

Voltando a Hanchard[11], o autor destaca ainda outro aspecto sobre o movimento afrobrasileiro, que também é relevante para o estudo que faço sobre o movimento quilombola, que é a sobreposição de múltiplas formas de opressão e identificação social, tais como classe social, gênero, raça, orientação sexual, origem, que complexifica essa questão identitária e a compartimentalização dessas diferentes mobilizações.

Por fim, cabe destacar a existência de dinâmicas de trocas, conflitos e intercâmbios existentes entre os múltiplos movimentos sociais, o que também se materializa nas várias relações estabelecidas pelos coletivos quilombolas que acompanhei, especialmente no que se refere às trocas com os movimentos negros de caráter mais urbano, movimentos do campo, de povos e comunidades tradicionais e de mulheres.

São relações que esfumaçam os limites entre os movimentos sociais e mais uma vez sinalizam para a complexidade de se estabelecer fronteiras rígidas entre eles. Visualizo o movimento quilombola como um dos movimentos sociais de relevante atuação no país, mas sem necessariamente haver um enquadramento dessa mobilização

---

[10] HANCHARD, Michael George. Orfeu e o poder: movimento negro no Rio de Janeiro e São Paulo (1945-1988). Rio de Janeiro, Ed. UERJ, 2001.
[11] Idem.

em classificações congeladas e fixas. Percebo esse movimento como uma mobilização pautada em um referencial coletivo, que baliza suas ações tendo como base critérios subjetivos, identitários e comunitários. Para além de uma abordagem voltada para aspectos econômicos, o movimento quilombola se constitui também a partir de dimensões culturais e sociais.

Os movimentos sociais têm parte de sua existência fundada com base na contestação do Estado. A reivindicação insistente e a posição contestatória em relação ao Estado representam a espinha dorsal dessas organizações[12]. Apesar de serem organizações cuja estrutura e dinâmica estão apoiadas totalmente na atividade política, os movimentos sociais não se institucionalizam como outras formas de organização política, como ONGs, sindicatos e partidos políticos[13].

Os fundamentos dos movimentos sociais se baseiam em pressionar o Estado para que ele produza, forneça e garanta políticas que ajudem a suprir as carências que originalmente levaram à mobilização social daqueles que compõem o movimento. Nesse contexto, percebo que o movimento quilombola se constitui como agente de pressão social, que mobiliza o Estado para efetivar respostas às suas demandas. A partir do momento em que é incitada, a atuação do Estado passa também a reverberar sobre o movimento.

A aproximação das relações entre o movimento quilombola com o Estado possibilitou novas atuações políticas para as comunidades quilombolas. As novas leis, direitos e programas implementados contribuíram para a reestruturação social no interior das comunidades e, também, para os laços entre elas. Esse crescente se fez possível após a promulgação da Constituição Federal de 1988, e das diversas legislações correlatas que se fizeram sequentes. Nesse sentido, a identidade quilombola extrapola suas definições jurídicas e acadêmicas e se conforma como um significativo símbolo de luta.

---

[12] PETRAS, J.; VELTMEYER, U. (2005). *Social movements and state power. Argentina, Brazil, Bolivia, Ecuador*. London: Pluto Press.
[13] FELTRAN, G. S. *Desvelar a política na periferia*. Histórias de movimentos sociais em São Paulo. São Paulo: Associação Editorial Humanitas: Fapesp, 2005.

## 4.2. Mobilizações Anteriores à Constituição de 1988

Realizarei, nesse subcapítulo, um breve histórico das mobilizações do movimento negro urbano e quilombola que antecederam o processo constituinte e a própria Constituição Federal de 1988, durante o século XX. Cabe destacar a importância dessas mobilizações no tocante à entrada na Carta Magna de 1988 do Artigo 68, do ADCT, que rege sobre o direito das comunidades quilombolas à terra que tradicionalmente ocupam, como também nos Artigos das Constituições Estaduais de diversas Unidades Federativas, que também dispõem sobre o tema. São movimentos que incidem sobremaneira no fortalecimento do debate étnico-racial na sociedade brasileira, bem como no debate referente às comunidades quilombolas e aos seus direitos.

Como importante marco do início do século, em relação à mobilização em torno da questão racial, a Frente Negra Brasileira, fundada em 1931, em São Paulo, trazia uma estrutura organizacional bastante complexa. Além da estrutura organizacional de conselhos, possuía uma organização paramilitar, com rígido treinamento. Segundo depoimento coletado pelo historiador Clovis Moura[14], havia bastante incompreensão da sociedade em relação aos reais objetivos da Frente. Alegavam que seus objetivos estavam focados em uma prática discriminatória ao contrário, argumento esse ainda bastante presente nos opositores das políticas afirmativas e, em especial, das políticas de quilombo nos dias atuais.

A Frente Negra transforma-se em partido político em 1936. Estruturada inicialmente em São Paulo, construiu núcleos em outros Estados, como Rio de Janeiro, Pernambuco, Bahia, Rio Grande do Sul, dentre outros. A proposta da Frente estava voltada para uma filosofia educacional como motor propulsor da integração da população negra. Teve grande importância para trazer à tona o debate sobre a questão racial e sobre a situação da população negra no País. De acordo com Abdias do Nascimento[15], a Frente, contudo, partia de

---

[14] MOURA, Clovis. *Brasil:* as raízes do protesto negro. São Paulo: Global, 1983.
[15] NASCIMENTO, Abdias do. *O Quilombismo*. Rio de Janeiro: Fundação Palmares/OR Editor Produtor Editor, 2002. 2. ed. Brasília.

uma perspectiva integracionista e não enfocava sua atuação na afirmação identitária, seja social, cultural ou étnica. Foi extinta com a repressão do Estado Novo, em 1937.

No período de redemocratização, no fim do Estado Novo, surge em 1944 o Teatro Experimental do Negro - TEN, no Rio de Janeiro, que tem como fundadores Abdias do Nascimento e Solano Trindade. O TEN aliou à atuação política a questão da afirmação cultural, tendo como referência a herança e tradição africana. O TEN teve como um de seus produtos o jornal *Quilombo*, que retratava o ambiente político e cultural da mobilização antirracista no Brasil.

> Teríamos [nós do TEN] de agir urgentemente em duas frentes: promover, de um lado, a denúncia dos equívocos e da alienação dos chamados estudos afro-brasileiros, e fazer com que o próprio negro tomasse consciência da situação objetiva em que se achava inserido. Tarefa difícil, quase sobre-humana, se não esquecermos a escravidão espiritual, cultural, socioeconômica e política em que foi mantido antes e depois de 1888, quando teoricamente se libertará da servidão.[16]

O Teatro Experimental do Negro traz, portanto, uma dimensão importante na mobilização pelos direitos de negras e negros no Brasil, que é o aspecto cultural e identitário. O TEN influenciou a proliferação de várias organizações negras de diferentes aspectos pelo País, que atuavam do ponto de vista cultural, político, recreativo, intelectual e literário[17].

A partir da década de 70, a luta contra o racismo ganha novo fôlego, juntamente com diversos outros movimentos de base popular. Um marco desse período é a afirmação do 20 de novembro como dia da consciência negra, data essa que marca o assassinato de Zumbi dos Palmares. O primeiro ato realizado em homenagem ao quilombo de Palmares, feito no dia 20 de novembro de 1971, é organizado pelo Grupo Palmares, de Porto Alegre, Rio Grande do Sul. O ato teve como objetivo contrapor a data estabelecida como referência para a população negra, o dia oficial da abolição da escra-

---

[16] NASCIMENTO, Abdias do. *Teatro Experimental do Negro: trajetórias e reflexões*. In: Joel Rufino dos Santos (Org.). *Negro Brasileiro Negro: revista do Patrimônio Histórico e Artístico Nacional*. Brasília, n. 25, 1997. p. 73.
[17] MUNANGA, Kabengele, GOMES, Nilma Lino. *O negro no Brasil de hoje*. São Paulo: Global, 2006.

vatura (13 de maio). Essa mobilização foi o início da instituição do 20 de novembro como Dia Nacional da Consciência Negra. Esse contraponto entre o 13 de maio em relação ao 20 de novembro tem como princípio a oposição à ideia de que a abolição simbolizou efetivamente uma ruptura para a situação de violência e desigualdade na qual vivia, e ainda vive, a população negra, além de trazer à tona o líder Zumbi dos Palmares, símbolo contemporâneo da luta contra a discriminação e opressão que continuam a impactar a vida dos descendentes de africanos em nosso País.

Em 1978, durante um ato de protesto de vários coletivos negros contra a morte sob tortura do trabalhador Robson Silveira, foi fundado o Movimento Negro Unificado contra a Discriminação Racial, posteriormente conhecido apenas como Movimento Negro Unificado – MNU. Essa organização reúne diversos grupos do movimento negro e possuiu um caráter nacional. Vários outros processos contemporâneos também se realizaram nesse período, como a constituição do Centro de Estudos Afro Brasileiros, em 1979, que reunia ativistas, intelectuais, artistas e atores políticos.

As mobilizações negras urbanas, além de trazer a discussão sobre a questão quilombola, ampliaram as articulações com as mobilizações quilombolas, especialmente a partir das décadas de 1970 e 1980. É importante ressaltar que a mobilização das comunidades negras rurais teve um grande crescente nesse período, em resposta ao acirramento da violência no campo e ao avanço da grilagem de terras das comunidades.

> Depois da constituição de 1969, a disputa por terra fica maior, aumenta a grilagem. O Estatuto de Terras dos militares [de 1964] e a constituição de 1969 dá início a muitos conflitos. No Maranhão houve muita morte [...]. Com essa luta pela terra, as comunidades se levantaram, se organizaram. O Maranhão tinha três entidades, o Centro de Cultura Negra (CCN), a Comissão Pastoral da Terra (CPT) e a Cáritas que, com o fim da ditadura, foram trabalhar [com os grupos camponeses] pelo direito à terra. O objetivo direto do CCN era trabalhar com a zona rural, com as comunidades quilombolas, pra rever e lutar pelas terras. Aí nós começamos o movi-

mento, fizemos levantamentos. O movimento cresce a partir daí. Um dos trabalhos do CCN era diretamente com Frechal.[18]

A mobilização quilombola, que na fala de Ivo remete ao Estado do Maranhão, tem forte crescente no final da década de 1970 e nos anos de 1980, com ampliação da articulação das organizações do movimento negro urbano com as comunidades quilombolas. Mobilizações semelhantes entre organizações do movimento urbano negro e das comunidades quilombolas se fizeram presentes nesse período em outros Estados, como o Pará. Os movimentos campesinos também constituíram um dos elementos de articulação dessa época.

A legislação a qual se refere Ivo Fonseca é o Estatuto da Terra, criado pela lei 4.504, de 30 de novembro de 1964, e a Constituição de 1969, ambos instrumentos do regime militar. Em relação ao Estatuto da Terra, sua criação estava intimamente ligada ao clima de insatisfação reinante no meio rural brasileiro e ao temor do governo e da elite conservadora de uma possível eclosão de uma revolução camponesa.

As metas estabelecidas pelo Estatuto da Terra (1964) eram basicamente duas: a execução de uma reforma agrária e o desenvolvimento da agricultura. Três décadas depois, é possível constatar que a primeira meta ficou apenas no papel, enquanto a segunda recebeu grande investimento governamental, principalmente no que diz respeito ao desenvolvimento da agricultura focada no latifúndio e na monocultura.

Esse modelo teve significativo impacto nas comunidades quilombolas. O foco desenvolvimentista, voltado para o mercado, e a especulação da terra elevaram os níveis de conflito e disputa fundiária no país. Muitas comunidades quilombolas, nesse período, tiveram significativas partes de seu território tomadas por processos severos e violentos de expropriação, tal qual o apontado por Ivo em sua fala. Esse levante violento das décadas de 1970 e 1980 fomentou a mobilização quilombola e a luta pelos seus direitos. E essa mobilização dialogou com outras entidades e organizações, tanto as do movimento negro urbano como as ligadas ao movimento do campo.

---

[18] Ivo Fonseca, liderança quilombola da Comunidade de Frechal, MA, e um dos fundadores da CONAQ. Entrevista feita para pesquisa de mestrado da autora sobre o movimento quilombola, defendida em 2008.

Um dos marcos dessas mobilizações foram os encontros estaduais das comunidades negras rurais do Maranhão. O 1º Encontro foi realizado em 1986 e teve a participação de aproximadamente 46 comunidades, sindicatos de trabalhadores e trabalhadoras rurais de varias regiões, com o apoio do Centro de Cultura Negra do Maranhão. A principal reivindicação apresentada pelas comunidades era a questão fundiária, que latejava com conflitos graves e diversos processos de expropriação em curso. Os 2º e 3º Encontros das comunidades negras rurais do Maranhão ocorreram, respectivamente, em 1988 e 1989.

O estado do Pará apresenta-se, também, como precursor ao abrigar encontros de entidades do movimento negro e das comunidades quilombolas. Os primeiros foram realizados em 1988 e 1989. A articulação das mobilizações quilombolas, nesse estado, com organizações do movimento negro urbano também foram fundamentais para o processo de defesa dos direitos das comunidades desse estado, e para fortalecer a articulação na Assembleia Constituinte para efetivar o Artigo 68, do ADCT.

Outros encontros e mobilizações regionalizadas das comunidades quilombolas, e seus desdobramentos políticos incidiram no processo da Assembleia Constituinte. Comunidades quilombolas mobilizadas de alguns estados (com destaque para Rio de Janeiro, São Paulo, Bahia, Goiás, Maranhão e Pará), com o apoio de organizações do movimento negro como o CCN (Centro de Cultura Negra do Maranhão) e o Cedenpa (Centro de Estudo e Defesa do Negro do Pará), estabeleceram articulações para a construção de uma proposta conjunta que abordasse essa dimensão, em uma perspectiva de direitos, na Carta Magna.

Além dos marcos citados acima, outros encontros e seminários também marcaram esse processo de mobilização para a questão quilombola que antecedeu a Constituição de 1988:

> Em junho de 1988, realizou-se na Universidade de São Paulo, o Congresso Internacional da Escravidão. Alguns antropólogos que trabalhavam com populações afro-brasileiras, a partir das discussões suscitadas pelo trabalho "Terras negras:

> invisibilidade desapropriada", apresentaram à assembléia uma proposta de moção relativa às terras negras, que foi aprovada e encaminhada à Constituinte.[19]

As comunidades quilombolas, as organizações do movimento negro urbano, organizações campesinas, pesquisadores e parlamentares se mobilizaram em diversos eixos para articular a entrada de artigo constitucional que tratasse dos direitos fundiários das comunidades quilombolas.

> Relançado por militantes e intelectuais afrodescendentes, [a questão quilombola] tornou-se pouco a pouco um fato político, ao alcançar visibilidade e interagir com diversos setores progressistas que tinham voz e voto na Assembléia Constituinte.[20]

Os parlamentares tiveram um peso fundamental nesse processo. Além da Deputada Benedita da Silva, destacam-se na Constituinte de 1988 a presença dos deputados federais Carlos Alberto de Oliveira Caó (PDT/RJ) e Paulo Paim (PT-RS).

O texto constitucional de 1988, ano que marcava o centenário da "abolição" da escravidão, traz conquistas relevantes (frutos dessas mobilizações), como o Artigo 68 do Ato das Disposições Constitucionais Transitórias, que garante às comunidades quilombolas o direito à terra; os Artigos 215 e 216, que garantem o direito à manutenção de sua própria cultura e tradição; e no tocante à caracterização do racismo como crime inafiançável e imprescritível, o Artigo 5º, inciso XLII, da Constituição Federal de 1988.

Em resposta à mobilização das comunidades quilombolas e das organizações do movimento negro urbano, ocorre a inclusão em várias Constituições Estaduais de artigos que garantem o direito à terra para as comunidades quilombolas. Os estados que trazem em suas constituições artigos sobre os direitos territoriais quilombolas são Maranhão (Art. 229), Bahia (Art.51 ADCT), Goiás (Art. 33 ADCT), Pará (Art. 322) e Mato Grosso (Art. 16 ADCT)[21].

---

[19] BANDEIRA, Maria de Lourdes, 1988 apud LEITE, Ilka Boaventura. *O legado do testamento*: a comunidade de Casca em perícia. Porto Alegre: Editora da UFRGS; Florianópolis: NUER/UFSC, 2004, p. 12.

[20] Idem, p. 19.

[21] Para maior detalhamento dessa questão, vide capítulo 3.

Posteriormente, outros estados aprovaram legislações que tratam sobre o tema. Os estados do Espírito Santo, Mato Grosso do Sul, Pernambuco, Piauí, Rio de Janeiro, Rio Grande do Sul e São Paulo possuem instrumentos legais sobre a regularização fundiária dos territórios quilombolas. Somando-se os estados com artigos constitucionais e com legislações específicas, é possível chegar a onze unidades federativas. Em parte desses estados, registra-se, também, maior avanço na emissão dos títulos territoriais das comunidades.

## 4.3. Mobilizações Quilombolas nos estados

As organizações políticas das comunidades se proliferaram nos vários estados durante as décadas de 1980, 1990 e durante os primeiros anos do século XXI. Em algumas unidades federativas, as mobilizações datam de quase três décadas, como o Pará e o Maranhão. Essas primeiras organizações estaduais tiveram grande peso no processo mobilizatório das comunidades de outros estados e na constituição da coordenação nacional. Em outros casos, a organização das comunidades em nível estadual é mais recente e reflete, muitas vezes, a resposta das comunidades aos constantes conflitos vivenciados em seus territórios e a organização pela defesa do território. Fundada em 2007, a coordenação das comunidades quilombolas do Espírito Santo é um exemplo emblemático dessa situação, dado o forte conflito presente na região norte desse estado entre empresas multinacionais e as comunidades.

Os processos organizativos nos níveis estaduais são estabelecidos como elo fundamental na construção do movimento quilombola nacional. A condução da luta está voltada para a garantia dos direitos das comunidades, para a superação do racismo e da desigualdade e tem na garantia do território coletivo seu eixo central. O território estabelece uma relação que abarca dimensões profundas do existir e do resistir das comunidades. A garantia dos territórios fundamenta o sentido da luta quilombola.

A luta pelos direitos quilombolas, dos quais se destaca o direito à terra, e o processo político-organizativo que a permeia, reflete-se também nas conquistas legais e na concretização de processos de regularização fundiária e de políticas públicas.

Cada processo de mobilização quilombola estadual tem suas especificidades, em que a estruturação da organização das comunidades reflete diferentes dinâmicas. Abordarei, a seguir, em maior detalhe, os processos organizativos das comunidades quilombolas de alguns dos estados brasileiros.

### 4.3.1 Maranhão

No Maranhão, as mobilizações quilombolas nas últimas décadas do século XX se estruturaram e se amplificaram em resposta ao levante grileiro que colocou muitos territórios das comunidades quilombolas desse estado em situação de vulnerabilidade e violência. Essa mobilização teve apoio e parceria de organizações do movimento negro urbano, do campo e de direitos humanos.

> A comunidade toda tem que lutar pela terra. Quando começamos a enfrentar os latifundiários com apoio do movimento Negro, em 1979, 1980, 1981, vigorava no Maranhão a chamada "lei de chumbo", e Frechal acompanhou todo esse processo. Nessa época tinha briga, pistoleiro, então passamos a lutar pela terra e ai trabalhamos e divulgamos a história do povo negro que a comunidade não conhecia. Isso com ajuda do CCN, da Cáritas, CPT. As duas últimas não trabalhavam a questão racial, apenas a da terra e o CCN puxou a discussão racial. Antes não tinha nenhuma lei, A lei foi nascer em 1988, com a Constituição Federal. Mas antes dela, nós já estávamos lutando.[22]

Uma das organizações do movimento negro urbano que teve um importante papel na atuação conjunta com o movimento quilombola foi o Centro de Cultura Negra do Maranhão – CCN, fundado em 1979.

> A luta do Centro de Cultura Negra (CCN) do Maranhão inicia-se a partir de 1979. O CCN teve três eixos de atuação, no início: com-

---
[22] Ivo Fonseca, liderança quilombola do Maranhão, integrante da CONAQ. Entrevista feita para pesquisa de mestrado da autora sobre o movimento quilombola, defendida em 2008.

bate à discriminação racial, educação para população negra e a garantia de território para as terras de preto do estado do Maranhão, ou comunidades negras rurais como era utilizado. Nessa ação para as comunidades negras rurais, havia um levantamento dos dados históricos e culturais das comunidades.[23]

No processo de regularização fundiária dos territórios das comunidades quilombolas, o Projeto Vida de Negro, parceira do CCN-MA com a Sociedade Maranhense de Direitos Humanos, iniciado em 1988, teve um papel fundamental. Esse projeto desenvolve ações para os encaminhamentos legais, estudos e identificação de áreas para titulação de posse definitiva das comunidades quilombolas, ou terras de preto. O trabalho voltado às comunidades negras rurais priorizou, em um primeiro momento, os municípios de Itapecurú Mirim e Santa Rosa de Preto, Cajueiro no município de Alcântara, Mandacaru de Preto no município de Caxias, Jacaraí dos Pretos no município de Icatu. Todos esses municípios estavam em conflito agrário, com focos iniciais na década de 1970 e potencializado de modo intenso na de 1980, principalmente entre os anos de 1984 até 1987.

O Projeto PVN foi uma iniciativa pioneira no Brasil em relação à aplicação do Artigo 68 do ADCT, o que balizou esse processo em outros estados. Nesse projeto, destacam-se o estudo de caso da Comunidade de Frechal, Município de Mirinzal, desenvolvido entre 1990 e 1992, e o estudo de Jamari dos Pretos, Município de Turiaçu, entre 1992 e 1994. Ambas as comunidades estão situadas no estado do Maranhão. Um marco importante das mobilizações quilombolas do Maranhão, e dos trabalhos realizados no PVN, foi a criação da Reserva Extrativista do Quilombo Frechal/MA, em 1992, após uma história de resistência à opressão e de luta pela afirmação da comunidade. Até o presente momento, o PVN mapeou 527 comunidades e assessorou a produção de 33 processos de titulação de terras junto ao INCRA e ao Iterma.

Outro marco das mobilizações quilombolas maranhenses, é a realização de diversos encontros das comunidades desse estado. Ao todo, o movimento quilombola do Maranhão organizou oito Encontros de Comunidades Negras Rurais do estado, com a parceria de outras

---

[23] Ivan Costa, militante do CCN e técnico do Projeto Vida de Negro há 24 anos. Idem.

organizações como o CCN. O 1º Encontro de Comunidades Negras Rurais do Maranhão, realizado em 1986, contou com participação de aproximadamente 46 comunidades, sindicatos de trabalhadores e trabalhadoras rurais de varias regiões. A principal reivindicação apresentada pelas comunidades já era a questão fundiária, que latejava com conflitos graves e diversos processos de expropriação em curso. Essa reivindicação se mantém como a principal do movimento quilombola desse estado.

Os demais encontros foram realizados, respectivamente, nos anos de 1988, 1989, 1995, 1997, 2000, 2003 e 2006. Em 2006, foi realizado o VIII Encontro das Comunidades Negras Rurais Quilombolas do Maranhão, em Itapecuru-Mirim, e foi coordenado pela Aconeruq.

Os encontros das comunidades quilombolas do Maranhão tiveram forte relação com a mobilização de outros estados e com a construção do movimento nacional:

> Em 1986, o CCN organiza o primeiro encontro das comunidades quilombolas do Maranhão, que teve quase cinqüenta comunidades. No ano seguinte, organizamos o segundo encontro e depois o terceiro. No quarto encontro começamos a pensar a organização do movimento em 1995, quando foi criada a Coordenação Provisória do Estado e também a Nacional. Nessa época, Bahia, Goiás, Maranhão, Rio de Janeiro, Pernambuco estavam à frente da luta, depois outros Estados, como Rio Grande do Sul e Mato Grosso começaram a aparecer. Nós conseguimos mobilizar vários Estados em 1995 na Marcha [Zumbi]. O movimento no Maranhão se dá também com a localização de outros movimentos no País, sempre buscando parceiros[24]

O peso da articulação quilombola do Maranhão é significativo para processos vivenciados em outros estados e para a própria coordenação nacional de quilombos. No estado do Maranhão, foi fundada a primeira articulação quilombola em nível estadual. Em novembro de 1994, foi criada a Coordenação Estadual Provisória dos Quilombos Maranhenses. Esta foi substituída, em 1997, pela Associação das Comunidades Negras Rurais Quilombolas do Maranhão - Aconeruq. Mais de 430 comunidades maranhenses estão vinculadas à Aconeruq.

---

[24] Ivo Fonseca, liderança quilombola do Maranhão, integrante da CONAQ. Entrevista feita para pesquisa de mestrado da autora sobre o movimento quilombola, defendida em 2008.

Fruto das lutas quilombolas desse estado, o Maranhão é um dos cinco no País que possui texto constitucional que reconhece às comunidades quilombolas o direito à terra, dado no artigo 229 na Constituição Estadual do Maranhão, promulgada em 1989.

O Maranhão lista como o segundo estado brasileiro com mais terras de quilombo tituladas. O primeiro estado em número de títulos emitidos é o Pará. São conquistas que refletem a longa luta das comunidades quilombolas maranhenses, articuladas em nível estadual na Aconeruq. Até o presente momento, 66 comunidades quilombolas do Maranhão têm os seus territórios titulados. De acordo com dados de comunidades certificadas pela FCP, são 899[25] no estado. Essas comunidades concentram-se principalmente nas regiões da Baixada Ocidental, da Baixada Oriental, do Munim, de Itapecuru, do Mearim, de Gurupi e do Baixo Parnaíba.

Apesar do avanço nas titulações em terras quilombolas, há muitas outras que ainda aguardam a finalização de seus processos e lutam pela garantia de seus territórios. De todos os processos de regularização fundiária abertos no Maranhão pelo INCRA, apenas três chegaram parcialmente ao estágio final do título emitido em nome da comunidade[26].

A dimensão do conflito, no cotidiano das comunidades, é bastante intensa. O conflito permeia, sobretudo, a disputa pelos territórios quilombolas. Em relação ao estado do Maranhão, cabe mencionar o caso de Alcântara. Composta de mais de uma centena de comunidades, essa ilha protagonizou nos anos de 1986 e 1987 um amplo deslocamento compulsório empreendido pelo Centro de Lançamento de Alcântara - CLA. Os impactos desse deslocamento são fortemente presentes nas comunidades e poderão ser amplificados, uma vez que existe a ameaça de novos deslocamentos forçados.

As comunidades quilombolas maranhenses estão organizadas em nível estadual na Associação das Comunidades Negras Rurais Quilombolas do Maranhão, a ACONERUQ. Essa associação tem como objetivo fortalecer a organização do movimento quilombola e lutar coletivamente

---

[25] Fonte: Fundação Cultural Palmares e INCRA (10 out. 2024).
[26] Nesse quantitativo, não estão presentes os títulos emitidos como fruto da parceria entre o Incra e o ITERMA. Todavia, esse dado destaca a dificuldade na desapropriação de terras particulares sobrepostas aos quilombos.

com as comunidades pela regularização de suas terras. A atuação da associação está voltada para o incentivo à participação política dos quilombolas, à realização de cursos de capacitação e à troca de experiências entre as comunidades sobre seus desafios e estratégias de lutas.

Nessas décadas de articulações, as conquistas são significativas. O compartilhar das lutas, as redes de solidariedade mais amplas, as conquistas legais, os títulos emitidos para as comunidades. Esses são fatores que potencializam o caminhar pelo reconhecimento dos direitos quilombolas. Por outro lado, os conflitos e a inoperância do Estado na efetivação dos direitos são desafios que movem esses coletivos e lideranças a fortalecer essa mobilização.

### 4.3.2 Pará

Ao se dar ênfase às regiões nas quais as mobilizações quilombolas inicialmente se deram, cabe destacar o estado do Pará, onde surge uma das primeiras organizações quilombolas. Em 1989, foi fundada a Associação das Comunidades Remanescentes de Quilombos do Município de Oriximiná – Arqmo, que surgiu em resposta às invasões, processos de expropriações e de violência contra os territórios quilombolas ali situados, a partir da década de 1970.

Alguns outros fatores potencializaram essa mobilização quilombola no estado do Pará. No final da década de 1980, a construção da barragem na Cachoeira Porteira, em Oriximiná, ocasionou a primeira audiência pública da história do Pará para discutir os impactos de um grande projeto. Essa audiência marcou a discussão sobre a implementação do Artigo 68[27].

Nas localidades onde a mobilização das comunidades quilombolas em defesa de seus territórios se iniciou primeiramente, é possível visualizar maior avanço no processo de regularização fundiária. No Pará, alguns territórios quilombolas trazem essa característica, tais como a região do Trombetas, onde está situado o município de Oriximiná.

---

[27] PEREIRA, Carmela Z. *Conflitos e identidades do passado e do presente:* política e tradição em um quilombo na Amazônia. Dissertação de mestrado. Brasília, Departamento de Antropologia – UnB, 2008.

É justamente em Oriximiná, Pará, que ocorreu a primeira titulação de terra quilombola no país, em acordo com o disposto no Artigo 68, do ADCT da CF. Esse título foi concedido à comunidade de Boa Vista, em 20 de novembro 1995, pelo INCRA e corresponde aos 1.125 hectares de seu território.

O Pará é também o estado que possui o maior número de títulos emitidos. Até o presente momento, foram emitidos títulos de propriedade coletiva para 172 comunidades do estado. Os títulos foram expedidos pelo INCRA, ITERPA e FCP, sendo esse conjunto majoritariamente executado pelo órgão estadual[28].

Desde 1998, o Pará conta com uma legislação que regulamenta o processo de titulação dessa categoria de terras. Inovadora, essa legislação garante o direito à auto identificação das comunidades sem a necessidade do laudo antropológico[29] - algo que o governo federal só veio a reconhecer em 2003.

Mesmo com significativos avanços em muitos territórios quilombolas, se comparado aos outros estados, o Pará possui algumas comunidades em situação de conflito e vulnerabilidade bastante acentuada. Dentre esses territórios quilombolas paraenses que apresentam graves situações de conflito e um processo de organização das comunidades mais recente, cito a Ilha do Marajó. De acordo com Luiza Betânia:

> Não existe uma associação quilombola da Ilha do Marajó, mas sim do município. A gente está buscando fazer uma coordenação municipal. Na prática, ela já funciona, mas não é legal. Em Marajó, temos muita dificuldade de locomoção e financeira. Um dos motivos é a localização geográfica, tem muitos rios. Estamos tentando fazer essa associação em nível da Ilha de Marajó, mas só de um lado da ilha. O outro lado, que fica perto de Macapá, ainda não temos contato. Duas pessoas da nossa comunidade participam da executiva estadual [Coordenação Estadual de Quilombos do Pará – Malungu]. Nossa relação é boa, porque estamos sempre em contato. A gente está vendo a dificuldade deles também e eles nos ajudam a divulgar a situação do Marajó, que é muito difícil. A

---
[28] Fonte: INCRA (10 out. 2024).
[29] Laudo antropológico ou documento legal de reconhecimento, baseado em análise oficial

> Malungu está priorizando a luta com os quilombolas do Marajó. A gente luta pelo território e temos muitos fazendeiros em nossas terras. Mas hoje não queremos confronto com os fazendeiros, porque eles têm muito mais aparato do que a gente.[30]

A fala de Luiza mostra a realidade complexa das comunidades quilombolas no Pará. A situação dos quilombos da Ilha de Marajó sinaliza para a grande desigualdade hoje presente nesse território entre as comunidades e aqueles que estão em seus territórios, os fazendeiros. Ter "mais aparato que a gente" simboliza um nível de desigualdade bastante intenso, que apresenta reflexos, inclusive, na mobilização desses grupos em relação à garantia dos direitos de seus territórios.

As comunidades quilombolas do Pará alcançaram diversas conquistas pioneiras, o que abriu caminho para a consolidação dos direitos das comunidades quilombolas em todo o Brasil. As conquistas dos quilombolas paraenses, para além das titulações, traduzem-se em leis estaduais e programas de governo destinados especificamente a esse setor da população.

Nesse processo de lutas, a mobilização das comunidades quilombolas contou com o apoio de diversas organizações, como o Centro de Estudos e Defesa do Negro do Pará (Cedenpa), a Comissão Pastoral da Terra - Pará, a Comissão Pró-Índio de São Paulo, a Federação dos Trabalhadores na Agricultura do Pará (Fetagri) e a Universidade Federal do Pará.

A ARQMO, juntamente com outras associações regionais do estado do Pará e a Malungu – Coordenação Estadual das Associações das Comunidades Quilombolas do Pará, compõem a diversidade de agentes sociais do movimento quilombola no estado.

Malungu, nome da Coordenação estadual, é uma palavra de origem africana que significa *companheiro*. A representação estadual foi criada em Santarém em novembro de 1999, em caráter ainda provisório. Em 2002, a Coordenação Estadual realizou a sua primeira assembleia geral no Município de Baião. Em março de 2004, a Malungu foi oficialmente criada com a aprovação de seu estatuto, a eleição do Conselho Diretor e da Coordenação Executiva e a definição das prioridades de trabalho da organização.

---

[30] Luiza Betânia, liderança quilombola da Ilha do Marajó, Pará, integrante da Malungu. Entrevista feita para pesquisa de mestrado da autora sobre o movimento quilombola, defendida em 2008.

A Malungu tem como objetivos a promoção da articulação entre as associações e as comunidades quilombolas no Pará bem como a apresentação e defesa de suas reivindicações diante das autoridades municipais, estaduais e federais. Tem suas estratégias de luta pautadas pela busca da titulação das terras de quilombo; pela promoção do manejo sustentável dos territórios quilombolas; pelo fim de todas as formas de preconceito e discriminação racial; pela valorização das tradições, da cultura e da religiosidade das comunidades quilombolas; e pela eliminação das desigualdades de direito e tratamento entre homens e mulheres.

### 4.3.3 Bahia

A Bahia é um dos estados que possui maior presença de comunidades quilombolas do país. De acordo com os dados da Fundação Cultural Palmares, existem no estado 865 comunidades certificadas pela Fundação e apenas vinte e três comunidades são tituladas no estado[31].

Fruto da mobilização das comunidades quilombolas baianas, e de demais organizações de apoio, esse estado possui um artigo referente à titulação das comunidades quilombolas em seu texto constitucional. No Artigo 51, do ADCT, está disposto que: "O Estado executará, no prazo de um ano após a promulgação desta Constituição, a identificação, discriminação e titulação das suas terras ocupadas pelos remanescentes das comunidades dos quilombos". É possível hoje visualizar que muito pouco do disposto na constituição baiana foi efetivado, o que demanda maior atuação dos poderes públicos para esse fim.

A Bahia tem organizações de comunidades quilombolas que são referência para o movimento nacional e para a questão quilombola no País, como a de Rio das Rãs. A história de grande parte dos quilombos na Bahia, como em outros estados, é marcada por disputas e conflitos com os grandes proprietários e grileiros. Como reflexo disso, as comunidades se organizam em diversas coordenações regionalizadas pelo estado, como o Conselho das Associações Quilombolas do Território Sudoeste do Estado da Bahia, e de forma mais abrangente no Conselho Estadual das Comunidades Quilombolas do Estado da Bahia.

---

[31] Fonte: Fundação Cultural Palmares e INCRA (10 out. 2024).

Um dos marcos da luta quilombola no estado da Bahia é a comunidade quilombola Rio das Rãs, situada no município de Bom Jesus da Lapa, entre o rio São Francisco e o rio das Rãs. O território dessa comunidade foi titulado pela Fundação Cultural Palmares no ano de 2000.

O processo mobilizatório das últimas décadas do século XX de Rio das Rãs ganhou força em resposta aos novos conflitos que se iniciaram na região, no início da década de 1970. A violência foi intensa e muitos quilombolas foram expulsos, além de algumas localidades de Rio das Rãs terem se extinguindo. No início da década de 1980, a compra dessas terras pelo Grupo Bial-Bonfim Indústria Algodoeira agravou ainda mais essa situação de conflito[32]. Nesse processo, a mobilização dos quilombolas teve o apoio de organizações e instituições como o Ministério Público Federal, o Movimento Negro Unificado e a Comissão Pastoral da Terra. Os quilombolas de Rio das Rãs tornaram-se referência para outras comunidades quilombolas da Bahia e do Brasil por sua histórica mobilização.

Há outras comunidades quilombolas que vivenciam situações bastante emblemáticas e conflitivas, como a comunidade São Francisco do Paraguaçu, localizada no Recôncavo Baiano, mais precisamente no Vale do Iguape, e Rio dos Macacos, situada na Região próxima a Salvador. No recôncavo, as comunidades quilombolas estão articuladas no Conselho Quilombola do Vale e Bacia do Iguape. Tem como principais pontos de pauta a luta pelo direito à terra e por acesso às políticas públicas. O conselho atua com a parceria de organizações não governamentais tais como a Comissão Justiça e Paz da Arquidiocese de Salvador, a Comissão Pastoral dos Pescadores, a Associação de Advogados de Trabalhadores Rurais no Estado da Bahia[33]. Existem outras organizações regionais, como Conselho das Associações Quilombolas do Território Sudoeste do Estado da Bahia.

Interessante perceber os processos ocorridos desde o primeiro levantamento de dados para a pesquisa do Mestrado, em 2007 e 2008, quando a Bahia apresentava organizações regionalizadas, sem haver uma instância estadual. Apesar das contradições ainda existentes no debate sobre representação, atualmente, a Bahia se organiza no Conselho Estadual das Comunidades Quilombolas do Estado da Bahia.

---

[32] Fonte: www.cpisp.org.br/comunidades/html/brasil/ba/ba_ras.html (Acesso em 07/10/2015).
[33] Idem.

Há processos de regularização fundiária em curso nessa região em diversas comunidades. Esses processos têm suscitado nas elites locais grandes ações de oposição. Algumas das mais emblemáticas são as ações contra a titulação da comunidade de São Francisco do Paraguaçu[34]. Essa situação ganhou notoriedade nacional com a edição de duas reportagens pelo jornal nacional[35], e demais veículos de comunicação, em 2007 e amplificou o conflito nesse território[36].

Cabe destacar, por fim, o processo vivenciado pela comunidade Rio dos Macacos. Dezenas de famílias vivem no território onde anteriormente houve fazendas que produziam cana-de-açúcar, há mais de cem anos desativadas. Na década de 1950, o terreno foi destinado à Marinha do Brasil. A partir daí, os conflitos passaram a compor o cotidiano da comunidade. Há relatos de grande quantidade de famílias expropriadas nessas décadas de convivência com a Marinha, além de assassinatos, agressões físicas, estupros e cerceamento no direito de ir e vir. O processo de mobilização da comunidade quilombola ganhou notoriedade internacional pelas denúncias feitas pela comunidade às Nações Unidas da tentativa de expropriação completa de seu território pela ação movida pela Marinha e Advocacia-Geral da União contra Rio dos Macacos. Após árduo processo de mobilização da comunidade e de uma rede de apoiadores, o INCRA publicou e reconheceu, por meio de Relatório Técnico, o território de Rio dos Macacos em sua totalidade no dia 25 de agosto de 2015[37]. Cabe destacar que o quilombo de Rio dos Macacos foi titulado em 2020, assegurando 93% do território, resultado das mobilizações dessa comunidade.

### 4.3.4 Minas Gerais

A Fundação Cultural Palmares certificou em Minas Gerais 501 comunidades quilombolas[38]. Tem apenas três comunidades tituladas,

---

[34] Maiores detalhes sobre São Francisco do Paraguaçu podem ser acessados no Relatório Antropológico realizado por Camila Dutervil, como parte do Relatório Técnico de Delimitação e Identificação do Instituto Nacional de Colonização e Reforma Agrária - INCRA.
[35] Matérias veiculadas respectivamente nos dias 14 e 15 de maio de 2007, no Jornal Nacional da Tv Globo.
[36] Para maior detalhamento da abordagem midiática de grandes veículos de comunicação sobre as comunidades quilombolas, vide o Laudo Antropológico da Comunidade São Francisco do Paraguaçu, realizado pela antropóloga do INCRA Camila Dutervil (2007).
[37] Fonte das informações: Relatório Técnico de Identificação e Delimitação do INCRA, 2014.
[38] Fonte: Fundação Cultural Palmares. Disponível em: https://www.gov.br/palmares/pt-br/departamentos/protecao-preservacao-e-articulacao/certificacao-quilombola. Acesso em: 28/04/2025.

o que demonstra um quadro bastante sério de implementação desse direito fundamental. De acordo com o Centro de Documentação Eloy Ferreira da Silva - Cedefes, existem aproximadamente 1.034 comunidades quilombolas no Estado de Minas Gerais. As maiores concentrações de comunidades no estado estão nas regiões norte e nordeste do estado, com ênfase no Vale do Jequitinhonha e Vale do Gorutuba.

A diferença entre os levantamentos de comunidades identificadas aponta para a importância de haver uma pesquisa oficial, em âmbito nacional, que visibilize essa realidade. Esse grande desconhecimento dessa realidade até os dias de hoje sinaliza o peso da invisibilidade desses grupos em nosso país.

O estado de Minas Gerais possui um quantitativo bastante grande de comunidades. A organização das comunidades em âmbito estadual tem como marco a criação da N'Golo - Federação das Comunidades Quilombolas do Estado de Minas Gerais, em 2004.

> A federação começou a ser criada no ano de 2004, novembro, no primeiro encontro das comunidades quilombolas do estado de Minas Gerais. Nesse primeiro encontro começamos a formar a federação, primeiro formamos uma comissão provisória e dessa comissão começamos a trabalhar, fazer encontros, reuniões, pra ser formada a federação.[39]

O nome N'Golo possui origem africana. Como uma dança ritual dos Mucopes em Angola, região sul da África, N'Golo também é popularmente conhecido como "dança da zebra". Com base nos movimentos realizados por esse animal quando os machos, em um combate violento, disputam entre si sua fêmea, N'Golo se constituiu como uma dança ritual dos jovens homens Mucopes para conquistar suas esposas[40].

A ideia de criar uma organização estadual das comunidades quilombolas adveio dos próprios quilombolas que entenderam ser fundamental sua articulação. O movimento que culminou com a criação da Federação teve início em 2003, quando vários eventos sobre os direitos quilombolas proporcionaram a mobilização das comunidades.

---

[39] Sandra Silva, liderança quilombola, integrante da N'Golo e da CONAQ. Entrevista feita para pesquisa de mestrado da autora sobre o movimento quilombola, defendida em 2008.
[40] Fonte: https://www.cedefes.org.br/quilombolas-destaque. Acesso em: 01/03/2025.

Em 2004, foi realizado o "1º Encontro das Comunidades Negras e Quilombolas de Minas Gerais", organizado pela Fundação Cultural Palmares e pelo Instituto de Defesa da Cultura Negra e Afrodescendentes – "Fala Negra". Nesse encontro, os participantes discutiram seu direito ao território cultural bem como as políticas públicas direcionadas aos remanescentes de quilombo no País. Os debates nesse encontro evidenciaram aos quilombolas a violação de seus direitos básicos. Assim sendo, eles criaram uma Comissão Provisória Quilombola, com eleição de representantes por região do estado, com a finalidade de representá-los na luta por seus direitos.

A comissão eleita realizou duas reuniões ao longo do ano de 2004, para então, em junho de 2005, finalmente, por meio de uma assembleia com ampla participação quilombola, consolidar sua organização política e fundar a Federação Estadual das Comunidades Quilombolas de Minas Gerais.

A Federação atua por região, de forma descentralizada. O principal motivo da descentralização é a amplitude do estado. Em cada região, há um coordenador responsável. São, ao todo, cinco regiões: centro-oeste, a central, Paracatu, Jequitinhonha e norte. Há articulação entre os coordenadores locais e os estaduais, em encontros periódicos. Mas ainda há grande dificuldade de circulação no estado e de compreensão do processo de organização das comunidades:

> Não estamos ainda no plano ideal, até porque é uma federação nova com apenas três anos e as comunidades estão esperando muito da gente. As comunidades querem que a federação resolva todos os problemas da noite para o dia, cobram demais. A gente tenta conscientizar que a coisa não é tão simples assim, têm dificuldades inúmeras, mas a gente está avançando na luta.[41]

A Federação promoveu o "2º Encontro das Comunidades Quilombolas de Minas Gerais", realizado entre 30 de março a 1º de abril de 2007, no município de São João da Ponte. A regularização fundiária das comunidades quilombolas de Minas Gerais é o maior desafio e o grande motor da luta do movimento quilombola.

---
[41] Sandra Silva, liderança quilombola, integrante da N'Golo e da CONAQ. Entrevista feita para pesquisa de mestrado da autora sobre o movimento quilombola, defendida em 2008.

A organização das comunidades quilombolas visibilizou a história e a realidade dos quilombos desse estado. O grande desafio é o reconhecimento e a titulação de seus territórios. Até os dias atuais, apenas uma única comunidade em Minas Gerais foi titulada, Porto Corís.

A Federação mineira de quilombos inicia sua trajetória com um complexo quadro em relação aos processos de regularização fundiária e com conflitos provenientes de sobreposição de interesses diversos nos territórios de muitas das comunidades desse estado. O objetivo da Federação é que, por meio da articulação e da organização dos próprios quilombolas, a luta adquira maior visibilidade e força política.

### 4.3.5 Pernambuco

Tendo como base a quantidade de comunidades certificadas pela Fundação Cultural Palmares no estado de Pernambuco, são ao todo 204 comunidades oficialmente reconhecidas[42]. O processo organizativo das comunidades quilombolas de Pernambuco também constitui-se como referência para a mobilização quilombola de outros estados e para a constituição da Coordenação Nacional de Articulação das Comunidades Negras Rurais Quilombolas, como ressalta Aparecida Mendes:

> Pernambuco vem desde o início da formação da CONAQ. Pernambuco se destacava nessa formação com algumas pessoas como Givânia, Zé Carlos e Espedito. E também serviu para nos fortalecer enquanto estado. Desses encaminhamentos todos, aconteceu o I Encontro Nacional das Comunidades Quilombolas, em 1995, e em 1998 realizamos o I Encontro Estadual das comunidades quilombolas de Pernambuco. Desse encontro estadual, foi tirada uma Comissão de três pessoas para se dedicar à luta e continuar a troca de experiências, além de manter os encontros com os quilombolas dos outros estados para socializar as preocupações, problemas e buscar saídas conjuntas.[43]

---

[42] Fonte: Fundação Cultural Palmares (10 out. 2024).
[43] Aparecida Mendes, liderança quilombola de Pernambuco e integrante da Comissão Estadual e da CONAQ. Entrevista feita para pesquisa de mestrado da autora sobre o movimento quilombola, defendida em 2008.

Esse processo de articulação estadual tem sido amplificado nos últimos anos, o que tem se expressado na maior participação das comunidades pernambucanas nos encontros estaduais, como coloca Aparecida Mendes:

> Em Pernambuco em 1998 foi realizado o I Encontro com a participação de 15 comunidades. Em 2003, realizamos em Salgueiro o II Encontro Estadual das Comunidades Quilombolas. Nesse encontro, já contamos com a representação de 46 comunidades quilombolas. Em 2006, realizamos o II, e a participação subiu para um número de aproximadamente 100 comunidades. O nosso processo de organização vem se dando dessa forma, articulado com os outros estados e com o apoio de vários outros parceiros.[44]

Givânia Maria da Silva, liderança de Conceição das Crioulas, reflete sobre a articulação em sua comunidade, a partir da educação, e como a rede de articulação ali existente possibilitou a ampliação das estratégias políticas para outras comunidades do seu estado:

> Em 1995, nós tínhamos conhecimento de três comunidades quilombolas em Pernambuco. Hoje, a quantidade passa de 100 comunidades quilombolas. Em nosso processo de luta, o movimento tem pautado temas bastante significativos, como direito à educação, educação diferenciada. Isso nasce ali em Pernambuco quando, em 1995, é inaugurada a primeira escola na nossa comunidade [Conceição das Crioulas], de ensino fundamental. Esse marco vira um referencial e é passado pra outras comunidades, com o objetivo de construir um currículo diferenciado e de fortalecer nossa luta.[45]

A maior parte das comunidades quilombolas, de diversas regiões de Pernambuco, encontram-se representadas na Comissão de Articulação Estadual das Comunidades Quilombolas de Pernambuco. Criada durante o II Encontro, em julho de 2003, a representação estadual tem sede em Conceição das Crioulas e atua na luta pela garantia dos direitos dos quilombolas.

---

[44] Idem.
[45] Givânia Maria da Silva, liderança quilombola, integrante da CONAQ e da Comissão Estadual. Ibidem.

Assim como Minas Gerais e Maranhão, Pernambuco tem em seu histórico uma forte presença da resistência negra por meio dos quilombos. As lideranças femininas representam uma face importante da luta dos quilombolas desse estado. Nas comunidades de Conceição das Crioulas e Onze Negras, por exemplo, os registros indicam que foram as mulheres as fundadoras dessas comunidades.

A Comissão Estadual de Articulação das Comunidades Quilombolas de Pernambuco tem como objetivo articular as comunidades do estado para que a luta pela garantia dos direitos dos quilombolas avance de forma integrada. De acordo com o disposto na carta redigida no final do encontro pela recém-formada comissão estadual, as prioridades de atuação são a luta pela titulação dos territórios quilombolas, por políticas sociais que contribuam para a inclusão dos quilombolas e pela garantia de recursos para o desenvolvimento de atividades geradoras de renda. A educação é outra pauta muito presente na mobilização quilombola de Pernambuco.

A coordenação da comissão estadual é composta por 19 representantes de diferentes regiões, eleitos nas comunidades a cada quatro anos. As relações entre as comunidades com a coordenação são permanentes e se realizam por meio de visitas e encontros.

O processo de titulação das comunidades em Pernambuco não dialoga, ainda, com o processo mobilizatório desse estado. Apenas duas comunidades quilombolas de Pernambuco possuem o título de suas terras, emitido pela Fundação Cultural Palmares em 2000. As comunidades são Castainho e Conceição das Crioulas[46].

Devido aos problemas encontrados em muitos dos títulos emitidos pela Fundação Cultural Palmares, os títulos de Castainho e Conceição das Crioulas não efetivaram a garantia dos seus territórios, uma vez que não houve a indenização nem tampouco a retirada dos ocupantes particulares do território.

Uma das comunidades quilombolas do estado de Pernambuco que possui um histórico de mobilização mais antigo junto às demais comunidades do País é Conceição das Crioulas, situada no município de Salgueiro, no sertão pernambucano, a uma distância de 550 quilômetros da

---

[46] Fonte: INCRA - Instituto de Colonização e Reforma Agrária (10/01/2025).

cidade de Recife. O povoado de Conceição das Crioulas é composto por 16 núcleos populacionais no qual residem aproximadamente 750 famílias. Conceição das Crioulas tem grande destaque no cenário de Pernambuco no que diz respeito à organização política e à mobilização em relação a luta pelos seus direitos. Os reflexos disso são percebidos na constituição do movimento quilombola no estado e no País. Essa comunidade tem registros que remetem à década de 1980, período que marca as mobilizações e o despertar para essa questão:

> Até o final dos anos 1980, nós tínhamos essa características de quilombolas, mas não ligávamos nossa vivência com nossa ancestralidade. Foi nesse período que começamos a fazer um descoberta interior e nos perceber como grupo. A partir dali começamos a compreender nosso papel dentro e fora da comunidade. Ali nasce a primeira associação de moradores do município, nasce na comunidades a luta para pautar educação com tema principal, pra que seus descendentes recuperassem a história e o processo de luta que nos foi negado. Ali cria-se também uma consciência que tudo que vivia ali de exclusão não era apenas por sermos uma comunidade rural, antes de tudo por sermos uma comunidade negra. A compreensão, e esse encontro com as marcas do racismo, se dá de forma bastante forte. Isso foi se espalhando, se ampliando, e hoje Conceição das Crioulas é uma referência.[47]

Os movimentos eclesiásticos de base, a Pastoral da Terra, o Movimento de Mulheres Trabalhadoras Rurais foram bastante importantes nesse processo organizativo da década de 1980. Na década de 1990, se aproximaram do Movimento Negro Unificado e participaram do I Encontro dos Negros do Sertão. Em 1995, iniciou-se os trabalhos com o Centro de Cultura Luiz Freire, que caracteriza-se como um importante parceiro dessa comunidade e da Comissão Estadual[48].

A Associação Quilombola de Conceição das Crioulas (AQCC), fundada em 2000, tem como objetivo promover o desenvolvimento da comunidade, fortalecer a sua organização política e sua identidade

---
[47] Givânia Maria da Silva, liderança quilombola de Pernambuco, integrante da CONAQ e da Comissão Estadual. Entrevista feita para pesquisa de mestrado da autora sobre o movimento quilombola, defendida em 2008.
[48] Fonte: http://www.cpisp.org.br/comunidades/html/brasil/pe/pe_conceicao.html (acesso em 09/10/2015).

étnica e cultural, e lutar pelos direitos das comunidades quilombolas. A AQCC sedia, atualmente, a Comissão de Articulação Estadual das Comunidades Quilombolas de Pernambuco.

## 4.3.6 Rio Grande Do Sul

No Rio Grande do Sul, está localizado o maior quantitativo de comunidades quilombolas da região sul. As comunidades desse estado somam 146 ao todo, reunindo as informações de certificadas da Fundação Cultural Palmares[49].

Algumas regiões possuem grande concentração de quilombos rurais. São elas: região central (municípios de Restinga Seca, Formigueiro e entorno); e a Serra do Sudeste, a oeste da Laguna dos Patos litoral rio-grandense-do-sul (municípios de São José do Norte, Mostardas, Tavares e Palmares do Sul). Muitos dos quilombos urbanos conhecidos em nosso País estão localizados em Porto Alegre. O que ganhou maior visibilidade talvez seja o Quilombo Família Silva.

O processo de identificação das comunidades quilombolas do Rio Grande do Sul teve uma etapa importante no projeto intitulado "RS Rural", iniciado pelo Governo Estadual em 1998. Esse projeto contou com a participação de organizações quilombolas de diversas comunidades, organizações do movimento negro urbano, bem como outras entidades. O projeto envolvia uma articulação intensa de lideranças quilombolas de diferentes comunidades, como relata Cledis Souza:

> No Conselho de Defesa dos Direitos do Negro – Codene/RS, trabalhamos a segunda etapa do "RS Rural", já no finalzinho do governo Olívio. Identificamos nessa época 98 comunidades. Eu trabalhei diretamente nisso, de comunidade em comunidade, só que com os recursos disponíveis mapeamos 49 comunidades.[50]

---

[49] Fonte: Fundação Cultural Palmares. Acesso em: 10/10/2024.
[50] Cledis Souza, liderança quilombola do Rio Grande do Sul, integrante da CONAQ e da FACQ/RS. Entrevista feita para pesquisa de mestrado da autora sobre o movimento quilombola, defendida em 2008.

Como em demais estados do País, a principal pauta e a condução mobilizatória do movimento quilombola gaúcho é a luta pelo direito à terra. Mesmo tendo um movimento articulado e uma legislação estadual específica sobre o tema, o Rio Grande do Sul não possui nenhuma comunidade titulada até o presente momento.

As comunidades quilombolas do Rio Grande do Sul estão articuladas na Federação das Associações das Comunidades Quilombolas do Rio Grande do Sul – Facq-RS, desde 2007. A federação estadual é resultado de um processo de mobilização e organização anterior, como coloca Cledis Souza:

> Em 2001, teve o I Encontro das comunidades quilombolas do Rio Grande do Sul. Nesse Encontro nós tínhamos pouco mais de 30 comunidades que tinham sido mapeadas. Em 2002, houve eleição para o conselho estadual de defesa dos direitos do negro – CODENE, e destinaram uma cadeira nessa diretoria para os quilombos, passando por uma votação diferente dos demais grupos ali representados.[...] Em 2002, ano de eleição, tivemos o II Encontro Estadual. Em janeiro de 2006, a gente fez o III Encontro Estadual e elegeu uma coordenação provisória que tinha como objetivo agregar todas as comunidades. Mesmo a gente tentando fazer um trabalho de renovação, acabamos no final ficando com as mesmas pessoas eleitas nessa coordenação. Essa coordenação tinha como objetivo organizar o próximo encontro para fundarmos nossa federação. Em janeiro de 2007, oficializamos a nossa Federação, elegemos um coordenador geral e seis coordenadores regionais. Esses coordenadores regionais têm o mesmo status do geral, tendo autonomia para trabalhar junto e irem em suas regionais.[51]

Portanto, desde 2001, são promovidos encontros estaduais e regionais pelo movimento quilombola do Rio Grande do Sul. Esses encontros pautam a necessidade de articular as ações dos quilombolas de todo o estado e de ampliar a mobilização em defesa da terra. Em janeiro de 2006, foi instituída uma comissão provisória com o objetivo de discutir e organizar a fundação da federação e em janeiro de 2007 foi oficializada a Federação.

[51] Idem.

O movimento quilombola do Rio Grande do Sul conta com o apoio de várias entidades, dentre as quais se destaca a COHRE Américas no estado, o Instituto de Assessoria às Comunidades Remanescentes de Quilombos - IACOREQ e o Ministério Público Federal.

### 4.3.7 Rio de Janeiro

A Fundação Cultural Palmares reconheceu oficialmente no Rio de Janeiro 45 comunidades quilombolas[52]. Parte significativa dessas comunidades está situada na região litorânea do Estado, nos municípios de Búzios, Cabo Frio, São Pedro da Aldeia, Rio de Janeiro, Mangaratiba, Angra dos Reis e Paraty. As demais comunidades estão localizadas no interior no Estado. Dentre os municípios estão Quissamã, Vassouras, Valença, Quatis e Rio Claro.

Os processos de regularização dos territórios desse estado não possuem grande incidência em relação à sua efetivação em títulos. Somente três comunidades quilombolas do estado possuem os títulos de suas terras. As comunidades são Campinho da Independência, Preto Forro e Marambaia.

As mobilizações no estado, já bastante anteriores quando analisamos as histórias de comunidades em particular, como Campinho da Independência, ganhou escopo estadual a partir de outubro de 2003. Nesse período foi fundada a Associação das Comunidades Remanescentes de Quilombos do Estado do Rio de Janeiro (ACQUILERJ). Ronaldo Santos relata o processo de organização dos quilombolas em esfera estadual:

> A partir de 2001, inicio o diálogo de nossa comunidade com lideranças de outros estados, em agendas de governo, e começamos a ver que já existem articulações estaduais e que isso também é possível para o Rio de Janeiro. [...] Em 2002, houve uma atividade de uma ong do Rio e essa atividade reuniu várias comunidades quilombolas. Então ali a gente pode discutir sobre o que é ser quilombola, o que é ter esse direito. Nesse espaço, eu pude dizer que existe uma coordenação nacional, que os outros estados estão se

---

[52] Fonte: Fundação Cultural Palmares. Acesso em: 10/10/2024.

organizando em articulações estaduais e que o Rio também poderia iniciar essa articulação. Em 2002, é iniciada uma movimentação para formar a articulação das comunidades do Rio.[53]

Houve, portanto, um processo que envolveu uma articulação de lideranças quilombolas do Rio de Janeiro com outros estados, com articulações estaduais e nacionais mais antigas, para a estruturação da organização desse estado. Nesse diálogo, estados como o Maranhão, Pará, Pernambuco foram importantes como referências organizativas, o que demonstra a importância das trocas, das andanças e das relações entre as lideranças quilombolas para a própria mobilização.

> Em 2003, realizamos um Encontro Estadual das comunidades quilombolas, e na época das 14 comunidades identificadas no Rio, oficialmente reconhecidas, 7 participaram do encontro estadual que formou a Arquilerj. A partir dessa articulação da Arquilerj, a gente passou de 14 para 30 comunidades. Uma comunidade que se incorporou nesse processo foi o quilombo do Cabral, próximo a Campinho. Campinho da Independência começou a se tornar uma referência, como modelo de desenvolvimento, de articulação social. Inclusive essa referência não existe apenas para os quilombolas, mas para as demais comunidades tradicionais. Hoje Campinho lidera um forum de comunidades tradicionais. Hoje a Aquilerj passa de 7 para 16 comunidades filiadas, apesar das 30 presentes no Estado. A Aquilerj passou a assumir o papel de identificar novas comunidades, trabalhar com as lideranças.[54]

A comunidade de Campinho da Independência caracteriza-se como uma referência para a organização das demais comunidades quilombolas do estado. A comunidade está localizada no município de Paraty, ao sul do litoral do Estado do Rio de Janeiro. Campinho da Independência foi a primeira comunidade quilombola do Estado do Rio de Janeiro a ser titulada. Em 21 de março de 1999, os quilombolas de Campinho receberam da Fundação Cultural Palmares e da Secretaria de

---

[53] Ronaldo Santos, liderança do Rio de Janeiro e integrante da CONAQ e da Aquilerj. Entrevista feita para pesquisa de mestrado da autora sobre o movimento quilombola, defendida em 2008.
[54] Idem.

Assuntos Fundiários do Estado do Rio de Janeiro o título definitivo de seu território com 287,9461 hectares.

A luta pela defesa do território da comunidade de Campinho da Independência tem inicio na década de 1960. Em 1994, é fundada a Associação de Moradores do Campinho (AMOC) que mantém a luta pela titulação coletiva de suas terras. Hoje a Aquilerj é sediada na AMOC.

O movimento do estado do Rio de Janeiro tem grandes desafios à frente. Desses se destaca a delicada situação da comunidade Marambaia. Essa comunidade tem origem em meados do século XIX. Desde o início da década de 1970, a administração da ilha ficou sob responsabilidade do Ministério da Marinha. Em 1981 foi inaugurado o Centro de Adestramento da Ilha de Marambaia[55].

A presença da Marinha na ilha se reflete em um cerceamento contínuo dos direitos da comunidade, por meio das várias restrições impostas, como o direito de ir e vir. O acesso aos serviços públicos básicos foi dificultado, há proibição de cultivo de roças de subsistência e de que sejam construídas, reformadas ou ampliadas as residências da comunidade.

Como resposta às ações da Marinha, a comunidade começou a organizar sua resistência, contando com o apoio de diversos setores e organizações da sociedade. Em 2002 o Ministério Público Federal entrou com uma ação civil pública contra a Marinha, exigindo a suspensão das ações contra os moradores[56]. Após décadas de lutas pela regularização fundiária e contra as violações de direitos sofridas, a comunidade de Marambaia recebeu em 08 de outubro de 2015 o título coletivo de seu território.

A mobilização e a articulação em defesa do território de Marambaia e de outros territórios quilombolas do Rio de Janeiro é a pauta das várias associações das comunidades quilombolas do estado, bem como da associação estadual, a Aquilerj.

---

[55] Fonte: http://www.cpisp.org.br/comunidades/html/brasil/rj/rj_resistencia.html (acesso em 08/10/2015).
[56] Idem.

## 4.3.8 Piauí

No Piauí estão localizadas 107 comunidades certificadas pela Fundação Cultural Palmares[57]. A Cecoq (Coordenação Estadual das Comunidades Quilombolas do Estado do Piauí) aponta a existência de 129 comunidades no estado. O Piauí tem uma significativa presença de comunidades quilombolas em seu território, principalmente na região do semiárido. Algumas lideranças quilombolas desse estado articulam-se desde o início da criação da CONAQ com organizações quilombolas de outros estados.

A regularização, por meio da titulação da terra das comunidades quilombolas, é a principal bandeira da CECOQ. Até o presente momento, trinta e quatro comunidades quilombolas do Piauí foram tituladas. Além dessa demanda, a coordenação também luta pela implementação de políticas públicas, como acesso à água de qualidade e saneamento básico, educação, saúde, estradas e moradia.

A Coordenação tem sua atuação presente, principalmente, na região centro sul e norte do Estado. Ela é composta por um representante da coordenação em cada região, que tem como papel estabelecer a articulação, mobilização, sensibilização e defesa dos territórios quilombolas. A Coordenação possui, portanto, um papel fundamental de mobilização das comunidades no estado. Atua, inclusive, no sentido de visibilizar a história e a presença das comunidades quilombolas no Piauí.

A Coordenação Quilombola do Piauí realizou diversos encontros regionais e estaduais. O objetivo principal dos encontros é estabelecer uma rede de trocas e relações entre as comunidades do estado, com vistas a fortalecer a luta pelos seus territórios. Os processos organizativos das comunidades do Piauí são bastante diversos, e cada comunidade tem o seu histórico e sua organização. Algumas iniciaram suas ações junto às demais no estado mais recentemente e outras foram pioneiras nesse processo. O quilombo Tapuio é uma referência nesse sentido, configurando-se como uma referência para outras comunidades do estado, e para outras do país.

---

[57] Fonte: Fundação Cultural Palmares. Acesso em: 10 out. 2024.

## 4.3.9 Amapá

A presença negra no Amapá tem como marco inicial a segunda metade do século XVIII. É um estado que em sua história traz a presença de comunidades negras rurais, inclusive de comunidades constituídas por negros provenientes das Guianas.

Atualmente, o Amapá possui cinco comunidades quilombolas com os títulos coletivos de suas terras. A primeira comunidade titulada no Amapá foi Curiaú. Porém, antes mesmo do reconhecimento da comunidade, o governo estadual do Amapá já havia criado a Área de Proteção Ambiental (APA) de mesmo nome. O território de Curiaú abrange 3.321 hectares dos 21.676 hectares da APA, composta por florestas, campos de várzea e cerrados. Na comunidade residem cerca de 108 famílias quilombolas.

Muitas comunidades no estado estão em processo de identificação. Os poderes públicos e o movimento quilombola têm um papel importante nesse processo. Levando-se em consideração os dados de comunidades certificadas pela Fundação Cultural Palmares, existem 44 comunidades quilombolas[58] no estado.

As comunidades quilombolas do Amapá tem algumas referências importantes em seu processo organizativo, tais como a titulação da comunidade de Curiaú. Todavia, o diálogo em nível estadual é mais recente. Hildima Santos relata o processo de constituição da Coordenação Estadual de Quilombos, e o processo identitário quilombola que possibilitou o estabelecimento de redes de solidariedade entre o que ela denomina "o negro quilombola", diferente do "negro urbano":

> A Coordenação do Amapá já está pontuada, já tem estatuto, só falta formar a diretoria. Porque nós lá estamos organizados em Fórum. O Fórum é maior, onde estão tanto os negros urbanos, como os rurais e quilombolas. [...] Antes eu não sabia fazer a diferença entre o negro urbano e o negro quilombola. Há uma diferença muito grande de anseios. O negro urbano já tem emprego, já estudou, está dentro do movimento de um todo urbano. Já o negro quilombola é de uma organização conjunta,

---
[58] Fonte: Fundação Cultural Palmares. Acesso em: 10/10/2024.

ele precisa de muita terra para plantar, porque ele é agricultor familiar, ele vive da terra, da pesca e o negro urbano não precisa de muita terra, precisa de um terreno pra fazer a casa dele. Já o negro quilombola precisa de muita terra.[59]

As distintas pautas reivindicatórias dos movimentos negros urbanos e rurais, no Amapá, estimulam as comunidades a se organizarem em uma Coordenação Estadual que as represente. A luta pela terra também é a principal demanda desse movimento ao Estado Brasileiro.

A articulação das comunidades do Amapá dialoga com comunidades quilombolas de outros estados, desde a criação da CONAQ, o que reforça mais uma vez a relevância das redes, andanças e intercâmbios entre as lideranças do movimento quilombola:

> Nós compomos a CONAQ, nós fomos convidados. Eu venho participando a partir de 2004. A Núbia já participava desde muito antes. Ai a gente vem participando direto e foi muito boa essa nossa entrada na CONAQ pois eles orientam os quilombolas, tem todo um processo de orientação e de peso.[60]

A rede estabelecida entre as organizações quilombolas dos vários estados é fundamental para definir a luta comum, para fortalecer os processos locais de cada comunidade e de cada estado. Essa perspectiva é ressaltada por diversas lideranças, tal como pontuado por Hildima Santos em relação ao Amapá. Esse processo, proporcionado pela articulação das comunidades em âmbito nacional, é um motor que oxigena a dinâmica político-organizativa desses grupos nas várias regiões do País. No Amapá, a organização estadual é denominada Coordenação das Comunidades Negras Rurais Quilombolas do Amapá - CONERQ/AP.

## 4.3.10 Espírito Santo

As mobilizações das comunidades quilombolas do Espírito Santo têm como principal objetivo o direito aos seus territórios coletivos e a

---

[59] Hildima dos Santos, liderança quilombola do Amapá, integrante da CONAQ. Entrevista feita para pesquisa de mestrado da autora sobre o movimento quilombola, defendida em 2008.
[60] Idem.

superação dos conflitos hoje presentes de modo significativo em alguns de seus territórios. Atualmente, o Espírito Santo não possui nenhuma comunidade titulada. Para além do direito à terra, as comunidades quilombolas do Espírito Santo reivindicam acesso à políticas públicas nas diversas áreas, como educação e saúde.

Levando-se em consideração as comunidades certificadas pela Fundação Cultural Palmares, existem 46 comunidades quilombolas[61] no estado. As maiores concentrações de comunidades quilombolas estão na região norte, também conhecida como Sapê do Norte, na região sul e na região centro-serrana.

Um dos marcos da mobilização das comunidades capixabas ocorreu em dezembro de 2007, com a realização do I Encontro Estadual das Comunidades Quilombolas do estado. O I Encontro Estadual foi uma iniciativa das comunidades do Espírito Santo. Teve o apoio de outras organizações da sociedade civil e do poder público, como a Coordenação Nacional de Articulação das Comunidades Negras Rurais Quilombolas (CONAQ), a Universidade Federal do Espírito Santo, a Rede Social de Justiça e Direitos Humanos, a Secretaria de Políticas de Promoção da Igualdade Racial, a superintendência do INCRA no estado.

O Encontro teve como principal ponto de materialização da organização das comunidades, a criação da Coordenação Estadual das Comunidades Quilombolas do Espírito Santo. Envolveu 200 participantes, dos quais 150 eram lideranças de comunidades quilombolas das várias regiões do estado.

A Coordenação Estadual das Comunidades Quilombolas do Espírito Santo "Zacimba Gaba" é constituída por 12 membros e tem sua atuação estruturada a partir da lógica da presença das comunidades no estado. São três regionais: a sul, a norte e a centro-serrana.

O estado do Espírito Santo registra um grave conflito entre as comunidades quilombolas e as multinacionais de celulse, que possui extensas plantações de eucalipto em sobreposição aos territórios

---

[61] Fonte: Fundação Cultural Palmares. Acesso em: 10 out. 2024.

quilombolas. Esse conflito está localizado na região do Sapê do Norte. Uma das comunidades que sofreu um severo processo de expropriação de seu território foi Linharinho. Localidades importantes de seu território, tais como o cemitério de ancestrais da comunidade, estão hoje sob controle dessas empresas de celulose.

Segundo informações da Coordenação Estadual de Quilombos, existem 50 mil hectares expropriados das comunidades quilombolas do estado, dos quais a maior parte está em poder da produção privada de celulose, que faz plantios intensivos de eucalipto.

### 4.3.11 Mato Grosso do Sul

O Mato Grosso do Sul possui, de acordo com os dados das comunidades quilombolas certificadas pela FCP, 22[62]comunidades. Como resultado da luta das comunidades quilombolas desse estado, Mato Grosso do Sul possui três comunidades tituladas. Ainda é muito pouco em relação ao número de comunidades no estado, mas é um símbolo da mobilização das comunidades em prol de seus direitos.

As comunidades quilombolas do estado do Mato Grosso do Sul estão organizadas em nível estadual na Coordenação das Comunidades Negras Rurais Quilombolas do Mato Grosso do Sul – CONERQ/MS. Essa Coordenação está oficializada como pessoa jurídica de direito privado, sem fins lucrativos. A Coordenação Estadual foi fundada no dia 12 de janeiro de 2005. Tem como objetivo se configurar como fórum de articulação e de representação das Comunidades Rurais Negras Quilombolas do Estado do Mato Grosso do Sul.

As comunidades Furnas do Dionísio e Furnas da Boa Sorte se tornaram referência em relação à organização e mobilização em defesa dos seus direitos. A partir da mobilização dessas comunidades, e dos respectivos diálogos com quilombolas de outros estados e com agentes do poder público, o movimento no estado se expandiu para outras comunidades, como relata Jhonny Martins:

---

[62] Fonte: Fundação Cultural Palmares (10 de outubro de 2024).

A partir de 2000, a comunidade Furnas do Dionísio começou a ser identificada pela Fundação Palmares como quilombo, e passamos a conhecer melhor nossos direitos, começamos a nos identificar, aprofundar mais o assunto, conhecer melhor quem éramos. Neste momento, com a Associação de Agricultores do município começamos a fazer um trabalho de conscientização e aprofundamento da nossa história. Em uma oportunidade, com a Universidade Católica dom Bosco, conhecemos a Comissão Pró Índio e de lá fomos pra uma reunião dessa comissão em São Paulo pra entender melhor o orçamento da união. Foi nesse encontro que conheci a coordenadora executiva da CONAQ. Começamos a participar de algumas reuniões e, a partir daí, iniciamos nosso diálogo com outras comunidades quilombolas, conhecemos o movimento e nos envolvemos numa luta maior. Daí passamos a desenvolver esse trabalho em outras comunidades.[63]

A relação entre as comunidades, e a importância da troca de experiências entre os estados que iniciam a mobilização com aqueles que já possuem um histórico mais amplo é um fator elementar da organização do movimento quilombola. As relações estabelecidas entre as comunidades e poderes públicos, também incita a demanda por organização:

> Em 2005, iniciamos um trabalho com a FUNASA para abastecimento de água para as comunidades quilombolas de Mato Grosso do Sul. Nessa época, não sabíamos onde as comunidades do Estado estavam, tínhamos só relatos. Em 2005 fizemos o primeiro Encontro Estadual, com 14 comunidades do Mato Grosso do Sul, com mais de 200 pessoas. A partir daí, a coordenação estadual nasce, em janeiro de 2005, e começamos a estimular que as comunidades formem associações e lutem por seus direitos. Depois desse trabalho fomos convidados a participar da executiva da CONAQ e começamos a mostrar pra outras comunidades como foi feito nosso trabalho de formar associações e a Coordenação Estadual. Aí a gente começa a brigar mais pelas políticas publicas, já temos rede de água nas 14 comunidades e estamos brigando agora para aumentar essa rede.[64]

---

[63] Jhonny Martins de Jesus, liderança quilombola de Mato Grosso do Sul, integrante da Conerq e da CONAQ. Entrevista feita para pesquisa de mestrado da autora sobre o movimento quilombola, defendida em 2008.
[64] Idem.

O movimento quilombola do Mato Grosso do Sul traz como pauta fundamental o direito à terra e enfatiza a importância de ampliar o acesso das comunidades às políticas públicas, como saneamento básico e educação. Interessante observar a relevância da mobilização política dos agentes sociais quilombolas para a ampliação do conhecimento sobre direitos, leis, políticas públicas, conforme destacado anteriormente pelo próprio Jhonny Martins, na entrevista feita para essa pesquisa. A mobilização realizada no estado permitiu que as comunidades das várias regiões se estruturassem para pautar suas demandas e exigir seus direitos ao Estado.

### 4.3.12 Contexto Nacional

No contexto nacional, no período de 2007 a 2015, que separa a publicação da dissertação de mestrado da primeira edição deste livro, as mobilizações quilombolas se complexificaram e ganharam robustez e diversidade de atores. A robustez refere-se à maior articulação e capilaridade alcançada por essa mobilização desde níveis locais, nacional até articulações internacionais, como as estabelecidas com palenqueiros de países como Colômbia e Equador. A ampliação da diversidade de atores, com o fortalecimento das articulações, nem sempre ocorre de forma sinérgica entre os agentes sociais, o que gera em alguns casos processos de ruptura nos espaços de representação e disputas políticas mais abertas entre os coletivos quilombolas. Outras influências externas, como as presentes nas relações estabelecidas entre essas lideranças com partidos políticos ou órgãos estatais também complexificam essas tramas estabelecidas intra e entre os coletivos quilombolas.

A seguir, abordarei mais detidamente, a organização que na época da pesquisa de mestrado era a única existente em nível nacional. Até o presente momento, a CONAQ representa a convergência mais ampliada e capilarizada do movimento quilombola em nível nacional. Todavia, sua atuação nesse âmbito não é exclusiva atualmente.

A Coordenação Nacional de Articulação das Comunidades Negras Rurais Quilombolas (CONAQ) é a rede das organizações locais e estaduais de quilombos. Os processos de algumas das organizações quilombolas estaduais foram descritos acima de modo mais detalhado. Entretanto, a composição da CONAQ é mais ampla. De sua composição se destacam associações, federações, coordenações e comissões que têm como característica a luta pelos direitos das comunidades quilombolas. Organizam-se de modo apartidário e autônomo, com ênfase para o fato de que se figuram como instâncias de articulação das comunidades. Cada estado apresenta dinâmicas próprias na estruturação de sua rede de ação política.

Muitos estados possuem dinâmicas de mobilizações políticas que antecedem a CONAQ e que, inclusive, foram fundamentais para a constituição dela. Em outros casos, foi exatamente a constituição da CONAQ e as mobilizações nacionais empreendidas que tornou possível a criação de organizações quilombolas nos níveis regionais e estaduais, nas cincos regiões dos País.

Além da CONAQ, há outras organizações mais abrangentes no país como a Frente Nacional em Defesa dos Territórios Quilombolas, com estreitos vínculos com alguns núcleos do Movimento Negro Unificado. O trabalho de campo deste estudo, todavia, realizado em grande parte entre 2007 e 2008, não abarcou essas experiências mais recentes da mobilização quilombola no Brasil.

No quadro, a seguir, estão sistematizadas parte das informações apresentadas sobre as mobilizações nos estados mais vinculadas à CONAQ ou a processos regionais nos estados. A partir dessa sistematização, é possível observar que a existência de legislação específica nos estados, o avanço da regularização fundiária e o processo de conhecimento e visibilidade da realidade das comunidades são elementos que podem estar articulados com a organização das comunidades nos vários níveis (locais, estaduais, regionais e nacional). A tabela também apresenta o tamanho do desafio para avançar nos direitos fundiários quilombolas no país.

Tabela 1

| UF | Organização Estadual | 2015 – Qde. por UF Com. Certificadas FCP[64] | 2007 - Com. Tituladas por UF[65] | 2015 - Com. Tituladas por UF[66] | % de crescimento de tituladas 2007 a 2015 | Início da articulação das comunidades por UF | Existência de Legislação Estadual Específica |
|---|---|---|---|---|---|---|---|
| AL | Ganga Zumba - Coordenação Estadual das Comunidades Quilombolas do Estado de Alagoas | 67 | - | - | 0% | Déc. 2000 | - |
| AM | Coordenação Estadual das Comunidades Quilombolas do Amazonas | 7 | - | - | 0% | Déc. 2000 | - |

[65] Fonte: <monitoramento.seppir.gov.br>. Acesso em: 27 abr. 2015.
[66] Fonte: Instituto Nacional de Colonização e Reforma Agrária - INCRA (data de referência: dez. 2007).
[67] Fonte: Instituto Nacional de Colonização e Reforma Agrária - INCRA (data de referência: mar. 2015).

| UF | Organização Estadual | 2015 – Qde. por UF Com. Certificadas FCP | 2007 - Com. Tituladas por UF | 2015 - Com. Tituladas por UF | % de crescimento de tituladas 2007 a 2015 | Início da articulação das comunidades por UF | Existência de Legislação Estadual Específica |
|---|---|---|---|---|---|---|---|
| AP | Coordenação das Comunidades Negras Rurais Quilombolas do Amapá - CONERQ/AP | 33 | 3 | 3 | 0% | Déc. 1990 | - |
| BA | Conselho Estadual das Comunidades Quilombolas do Estado da Bahia / E outras regionais como o Conselho das Associações Quilombolas do Território Sudoeste do Estado da Bahia | 640 | 4 | 18[62] | 350% | Déc. 1980 | Art. Constitucional |
| CE | Coordenação Estadual das Comunidades Remanescentes de Quilombos do Estado do Ceará - CERQUICE | 45 | - | - | 0% | Déc. 2000 | - |

[68] Títulos expedidos pelo INCRA e ITERBA.

| UF | Organização Estadual | 2015 – Qde. por UF Com. Certificadas FCP | 2007 - Com. Tituladas por UF | 2015 - Com. Tituladas por UF | % de crescimento de tituladas 2007 a 2015 | Início da articulação das comunidades por UF | Existência de Legislação Estadual Específica |
|---|---|---|---|---|---|---|---|
| ES | Coordenação Estadual das Comunidades Quilombolas do Espírito Santo "Zacimba Gaba" | 34 | - | - | 0% | Déc. 2000 | Legislação Específica |
| GO | Conselho Estadual das Comunidades Quilombolas de Goiás | 30 | 1 | 1 | 0% | Déc. 1980 | Legislação Específica |
| MA | Associação das Comunidades Negras Rurais Quilombolas do Maranhão - ACONERUQ | 493 | 22 | 38[68] | 72% | Início déc. 1980 | Art. Constitucional |
| MG | N'Golo - Federação das Comunidades Quilombolas de Minas Gerais | 226 | 1 | 1 | 0% | Déc. 1990. | - |

[69] Das comunidades tituladas, 3 receberam títulos do INCRA, 14 pelo ITERMA em parceria com o INCRA e 21 pelo ITERMA.

| UF | Organização Estadual | 2015 – Qde. por UF Com. Certificadas FCP | 2007 - Com. Tituladas por UF | 2015 - Com. Tituladas por UF | % de crescimento de tituladas 2007 a 2015 | Início da articulação das comunidades por UF | Existência de Legislação Estadual Específica |
|---|---|---|---|---|---|---|---|
| MS | CONERQ/MS - Coordenação das Comunidades Negras Rurais Quilombolas do Mato Grosso do Sul | 22 | 2 | 4 | 100% | Déc. 1990 | Legislação Específica |
| MT | CONERQ/MT - Coordenação das Comunidades Negras Rurais Quilombolas do Mato Grosso | 67 | 1 | 1 | 0% | Déc. 1990 | Legislação Específica |
| PA | Malungu - Coordenação das Associações das Comunidades Remanescente de Quilombos do Pará / ARQMO e outras organizações regionais | 227 | 88 | 126 [69] | 43,2% | Início déc. 1980 | Art. Constitucional |
| PB | Comissão Estadual de Quilombos da Paraíba | 37 | - | - | 0% | Déc. 2000 | - |

[70] Do total de comunidades tituladas no Pará, 73 receberam o título do ITERPA, 28 pelo ITERPA em parceria com o INCRA, 19 pelo INCRA e 6 pelo FCP.

| UF | Organização Estadual | 2015 – Qde. por UF Com. Certificadas FCP | 2007 - Com. Tituladas por UF | 2015 - Com. Tituladas por UF | % de crescimento de tituladas 2007 a 2015 | Início da articulação das comunidades por UF | Existência de Legislação Estadual Específica |
|---|---|---|---|---|---|---|---|
| PE | Comissão Estadual de Articulação das Comunidades Quilombolas de Pernambuco | 131 | 2 | 2[70] | 0% | Déc. 1980 | Legislação Específica |
| PI | Coordenação Estadual das Comunidades Quilombolas do Piauí | 82 | 2 | 19[71] | 950% | Déc. 1990 | Legislação Específica |
| PR | Coordenação Estadual das Comunidades Quilombolas do Paraná / Federação das Comunidades Quilombolas do Estado do Paraná - FECOQUI/PR | 37 | - | - | 0% | Déc. 2000 | - |
| RJ | AQUILERJ - Associação das Comunidades Quilombolas do Estado do Rio de Janeiro | 32 | 2 | 3 | 50% | Déc. 1990 | Legislação Específica |

[71] Títulos emitidos pela FCP sem desintrusão da área. Incra atua nos dois processos.
[72] Títulos emitidos em parceria entre INCRA e ITERPI.

| UF | Organização Estadual | 2015 – Qde. por UF Com. Certificadas FCP | 2007 - Com. Tituladas por UF | 2015 - Com. Tituladas por UF | % de crescimento de tituladas 2007 a 2015 | Início da articulação das comunidades por UF | Existência de Legislação Estadual Específica |
|---|---|---|---|---|---|---|---|
| RN | Coordenação Estadual das Comunidades Quilombolas do Rio Grande do Norte | 22 | - | 1 | 100% | Déc. 2000 | - |
| RO | Coordenação Estadual das Comunidades Quilombolas de Rondônia | 7 | - | 1 | 100% | Déc. 1990 | - |
| RS | FACQ/RS - Federação das Comunidades Quilombolas do Estado do Rio Grande do Sul | 107 | - | 4[72] | 400% | Déc. 1990 | Legislação Específica |
| SC | Comissão Provisória Quilombola do Estado de Santa Catarina | 13 | - | 1 | 100% | Déc. 2000 | - |

[72] Títulos expedidos pelo INCRA.

| UF | Organização Estadual | 2015 – Qde. por UF Com. Certificadas FCP | 2007 - Com. Tituladas por UF | 2015 - Com. Tituladas por UF | % de crescimento de tituladas 2007 a 2015 | Inicio da articulação das comunidades por UF | Existência de Legislação Estadual Específica |
|---|---|---|---|---|---|---|---|
| SE | Associação Estadual das Comunidades Quilombolas de Sergipe | 29 | 1 | 3 | 200% | Déc. 2000 | - |
| SP | Coordenação Estadual das Comunidades Quilombolas de São Paulo | 51 | 6 | 6[73] | 0% | Déc. 1990 | Legislação Específica |
| TO | Coordenação Estadual das Comunidades Quilombolas do Tocantins | 38 | - | - | 0% | Déc. 2000 | - |
| BR | CONAQ | 2.477 | 204 | 232 | 13,72% | Déc. 1990 | Art. Constitucional |

[74] Títulos emitidos pelo ITESP. Apenas no caso de Ivaporanduva, uma parte do território foi titulada pelo INCRA.

A principal demanda das comunidades ainda representa resultados muito tímidos, conforme podemos verificar no quadro anterior. Em relação ao processo de regularização fundiária, é possível perceber o pequeno avanço obtido, que abarca, até o momento, apenas alguns dos estados nos quais há quilombos no país. Em um comparativo entre 2007, quando obtive os dados para a pesquisa, e 2015, é possível observar que em 13 estados não houve nenhuma mudança do quadro de comunidades tituladas. Quando analisado o contexto em 2025, se observa que o cenário pouco mudou, com alguns estados como Espírito Santo ainda sem nenhum título fundiário emitido para quilombos.

Apesar do avanço na regularização fundiária em alguns estados, como ocorrido no Piauí, é alarmante que nesses anos todos não tenha havido nenhum avanço nessa etapa final em um número tão grande de unidades federativas. Isso demonstra uma fragilidade operacional do Estado, principalmente de seus órgãos executores como o INCRA e os Institutos Estaduais para executar essa política. Cabe destacar, também, que em algumas unidades federativas inexiste qualquer procedimento ou estrutura administrativa para operacionalizar a regularização fundiária quilombola nos seus respectivos Institutos de Terras.

Outro dado que é importante ser analisado diz respeito ao volume de processos abertos no INCRA e a quantidade diminuta desses que chegam ao estágio final: emissão do título em nome das comunidades. O INCRA atua com as comunidades quilombolas desde 1995[75]. Desse período até março de 2015, foram 35 comunidades tituladas diretamente pelo órgão, sem levar em conta as parcerias com Institutos de Terra. Após a publicação do Decreto 4887/2003, foram 23 comunidades beneficiadas. O INCRA possui 1.512 processos em curso, abertos de 2003 a até abril de 2015. Em fevereiro de 2025, são 1.937 processos abertos no INCRA.

Desde a Constituição Federal de 1988 até o presente, torna-se muito palpável a grande demanda social pela titulação dos quilombos e uma excessiva morosidade na garantia desse direito fundamental pelo Estado brasileiro. A execução de políticas públicas não segue necessariamente um ritmo linear, mas os dados de execução dos últimos anos não parecem apontar significativas alterações no sentido de tornar mais célere essa execução. Inclusive, indicam em geral o oposto.

---

[75] De 1995 até o presente, houve um intervalo em que o INCRA não foi responsável pela titulação de quilombos, quando essa atribuição passou à Fundação Cultural Palmares.

Essa situação, como já salientado, fragiliza enormemente as comunidades e as expõem a um sério cenário de conflitos ocasionados por uma gama de fatores, melhor detalhados na seção desse livro referente aos conflitos. E a bandeira fundamental das comunidades quilombolas em suas mobilizações centra-se exatamente na luta pela garantia do direito a terra e aos territórios.

As comunidades quilombolas apresentam um processo crescente de mobilização e organização, cuja pauta é a busca pela efetivação dos seus direitos, com ênfase no direito à terra. Também é sintomático perceber que de 2007 até 2015 a organização quilombola ganhou fôlego em nível estadual em várias unidades federativas, como Goiás e Bahia. Nesses dois estados, apesar de serem pioneiros na mobilização quilmbola, essa instância estadual ainda não estava presente em 2007. Atualmente, além da mobilização crescente em nível nacional, o movimento tem fortalecido a atuação com outras pautas, como educação e justiça climática.

## 4.4. Mobilização Nacional

O processo Constituinte de 1988 propiciou uma ampla mobilização da sociedade civil brasileira e é um marco histórico contemporâneo de extrema relevância. No cerne dessa mobilização estavam entidades do movimento negro urbano, acadêmicos, parlamentares, movimentos pela terra e comunidades quilombolas organizadas em diversos estados. Essa mobilização em especial tinha como objetivo a inclusão, dentre os princípios constitucionais, do direito à terra para as comunidades quilombolas e visava, também, a ampliação do debate no campo das políticas públicas para a população negra.

Os primeiros anos da década de 1990 são marcados por mudanças significativas em relação à luta pela promoção da igualdade racial. Como reflexo das pressões internas no País, protagonizadas especialmente pelas organizações quilombolas e do movimento negro urbano, e externas, materializadas pelos compromissos assumidos pelo Estado brasileiro por meio de tratados e convenções internacionais para essa agenda, surge um novo cenário. Nesse sentido, ganha maior visibilidade a temática de combate ao racismo na sociedade de modo geral.

Como resultado desse processo de mobilização, nos dias 17, 18 e 19 de novembro de 1995, foi realizado o I Encontro Nacional de Comunidades Negras Rurais Quilombolas, em Brasília, que teve como tema "Terra, Produção e Cidadania para Quilombolas". Ao final, uma representação foi escolhida para encaminhar à Presidência da República um documento contendo as principais reivindicações aprovadas.

No dia 20 de novembro do mesmo ano, a Marcha Zumbi dos Palmares, pela vida e cidadania, reuniu cerca de 30 mil pessoas, na Praça dos Três Poderes, em memória ao Tricentenário de Zumbi dos Palmares. A Marcha marcou, de modo impactante, as contribuições e reivindicações da mais expressiva manifestação política do Movimento Negro na agenda nacional. O I Encontro Nacional das Comunidades Quilombolas se constituiu como parte integrante do processo mobilizatório da Marcha Zumbi.

Durante a realização do 1º Encontro Nacional, as comunidades quilombolas superaram a capacidade de mobilização regionalizada exercitada nas últimas décadas colocando sua problemática como questão nacional.

A criação da Comissão Nacional Provisória das Comunidades Rurais Negras Quilombolas é o produto central do processo mobilizatório do I Encontro Nacional. Nesse período, a organização do 1º Encontro tinha conhecimento da existência de quatrocentas e doze comunidades, e a partir disso foi pensada a estrutura da Comissão Nacional. Alguns estados presentes traziam um histórico de articulação e mobilização bastante significativo. Dentre esses, destacam-se o Maranhão, que já havia promovido o 3º Encontro das comunidades quilombolas[76], o Pará, que na região do Rio Trombetas possuía uma associação bastante atuante, a Arqmo[77], e Rio das Rãs, na Bahia, que trazia um amplo histórico de luta pelo seu território. A Comissão Nacional nasce com o objetivo de mobilizar as comunidades nos vários Estados da Federação.

---

[76] O I Encontro Estadual das Comunidades Negras Rurais Quilombolas do Maranhão foi realizado em 1986. O segundo e o terceiro foram realizados, respectivamente, em 1988 e 1989.
[77] Associação das Comunidades Remanescentes de Quilombos do Município de Oriximiná – ARQMO – criada em 1989.

A secretaria da Comissão, e posteriormente da CONAQ, funcionou primeiramente com apoio institucional do CCN-MA e da Sociedade Maranhense de Direitos Humanos. Na sequência, esse suporte institucional da CONAQ passa para a Aconeruq (Maranhão) e para a AQCC (Pernambuco), duas organizações quilombolas.

É nesse contexto que a questão quilombola ganha peso no cenário nacional. O reconhecimento legal de direitos específicos, no que diz respeito ao título de reconhecimento de domínio para as comunidades quilombolas, ensejou uma nova demanda, o que gerou proposições legislativas em âmbito federal e estadual, e promoveu a edição de portarias e normas de procedimentos administrativos consoante à formulação de uma política para a garantia dos direitos das comunidades quilombolas.

Como resultado da Marcha Zumbi e do I Encontro Nacional, é elaborado um documento que pauta as questões centrais da luta dos movimentos negros urbanos e rurais. A ênfase na perspectiva histórica de resistência e luta das comunidades está presente nesse documento, que também oficializa a criação da Comissão Nacional Provisória das Comunidades Negras Rurais Quilombos. De acordo com esse, a história dos quilombos é a "história de resistência que garantiu a continuidade da existência de milhares de quilombos. Sem dúvida uma sobrevivência sofrida, mas com vitórias". O documento ainda ressalta a emergência das políticas para comunidades, como frutos das reivindicações e lutas desse movimento:

> Diante da resistência tornou-se impossível para o governo brasileiro não responder às demandas desse movimento. A luta do movimento quilombola caracteriza-se pela defesa do seu território, conseqüentemente, de sua sobrevivência enquanto grupo específico ameaçado pelo avanço da especulação imobiliária, dos grandes empreendimentos, que afetam e alteram diretamente a existência desses grupos[78].

A noção de resistência é apresentada por essa coordenação nacional quilombola como um processo histórico e contínuo. A resis-

---
[78] Fonte: Documento final do I Encontro Nacional de Comunidades Negras Rurais. Documento síntese da Marcha Zumbi, 1995, p. 03.

tência é bifocal: se localiza no passado e também no presente como o fator elementar para a sua sobrevivência atual.

Em 1996, durante o Encontro de Avaliação do I Encontro Nacional de Comunidades Negras Rurais Quilombolas, realizado em Bom Jesus da Lapa – Bahia, a Comissão Provisória dá lugar à Coordenação Nacional de Articulação das Comunidades Negras Rurais Quilombolas - CONAQ, que tem como caráter central se constituir como movimento social, não se configurando como outras formas organizativas tais como organizações não governamentais, sindicatos ou partidos políticos. Esse Encontro teve como objetivo definir o papel da Coordenação.

> Como mecanismo de organização, constituíram a Coordenação Nacional de Articulação das Comunidades Negras Rurais Quilombolas - CONAQ. A CONAQ foi criada em maio de 1996, em Bom Jesus da Lapa/Bahia, durante reunião de avaliação do I Encontro Nacional de Quilombos. É uma organização de âmbito nacional que representa os quilombolas do Brasil. Dela participam representantes de comunidades de 22 (vinte e dois) estados da federação.[79]

O II Encontro Nacional das Comunidades Negras Rurais Quilombolas, realizado em 2000, em Salvador – Bahia, se configura como importante no que concerne ao processo de afirmação do movimento quilombola. Desde a criação da Comissão até o Encontro de 2000, essa representação quilombola em âmbito nacional era composta por representações do movimento quilombola e, também, do movimento negro urbano. A partir desse marco, as comunidades tomam para si a representação nesse espaço.

> No II Encontro, fica essa marca de aproximar e reafirmar a parceria com todos os movimentos, mas de assumir pra os quilombolas a representatividade do Movimento Quilombola. Assumimos de forma bastante incisiva, no encontro de Salvador, que enquanto representação de voto na Coordenação Nacional só poderia ser de quilombola. Isso significava que reconhecíamos a importância de todas as outras organizações e pessoas que

[79] Disponível em: <www.conaq.org.br>. Acesso em: 15 set. 2008.

contribuíam com o movimento, mas ao mesmo tempo chamávamos pra nós a responsabilidade de nos representar.[80]

Após o Encontro de Salvador, diversos Estados que ainda não estavam constituídos enquanto organização quilombola em nível local passaram a se organizar e a construir esses espaços como de protagonismo das comunidades. A CONAQ é composta pela união das organizações quilombolas nos níveis Estaduais e regionais. Atualmente, a Coordenação Nacional reúne vinte e dois Estados e, a partir do processo de identificação e visibilidade das comunidades quilombolas, atua com um universo de mais de três mil e quinhentas comunidades[81] em todas as regiões do País.

Em 2003, de 04 a 07 de dezembro, realiza-se o III Encontro Nacional das Comunidades Negras Rurais Quilombolas, em Recife, Pernambuco. O foco desse encontro voltou-se para a nova legislação vigente no País para regularização de territórios quilombolas, o Decreto 4887, instituído em 20 de novembro de 2003. Esse decreto simboliza um grande avanço do ponto de vista dos direitos étnicos das comunidades, em relação ao anterior, decreto 3912/2001.

O III Encontro objetivou a reestruturação da mobilização das comunidades remanescentes de quilombos a partir dessa nova legislação. Parte significativa dos debates ficou em torno da implementação do Decreto. Nesse sentido, o Encontro contou com a participação de representantes de diversos ministérios que compuseram o Grupo de Trabalho que elaborou o Decreto 4887/2003[82], como o INCRA e a FCP.

Em uma conjuntura bastante diferente, a Coordenação Nacional realizou, em março de 2008, na comunidade Linharinho, na região do Sapê do Norte, Espírito Santo, seu IV Encontro Nacional, envolvendo as lideranças quilombolas de todas as regiões do País.

O IV Encontro trouxe como pontos de pauta a conjuntura de oposição que se apresenta nos últimos anos em um crescente no Congresso

---

[80] Givânia Silva, liderança quilombola de Pernambuco, integrante e fundadora da CONAQ. Entrevista feita para pesquisa de mestrado da autora sobre o movimento quilombola, defendida em 2008.
[81] O movimento quilombola trabalha com a estimativa de aproximadamente 4.000 comunidades quilombolas. O Governo Federal tem identificadas 3554 comunidades. Mensurar de modo mais concreto a quantidade de comunidades total no País ainda não é possível, dado a inexistência de pesquisa nacional voltada para essa finalidade.
[82] Ver maiores informações sobre esse processo no capítulo 4 do presente livro.

(com maior mobilização em torno da PEC 215), no judiciário (que tem como marco a ADI 3239 contra o Decreto 4887/2003, de autoria do Partido Democratas), nos meios de comunicação, e na conjuntura política do poder executivo (cuja execução da regularização fundiária tem sido muito aquém da demanda existente). Somado a tudo isso, estão os conflitos localizados que têm exposto as comunidades a situações bastante graves.[83]

A escolha do local do IV Encontro, inclusive, se dá pelo critério de visibilizar um território em situação severa de conflito, que é o de Sapê do Norte, no Espírito Santo. Também foi priorizado, nesse encontro, que sua realização se desse em uma comunidade quilombola, o que possibilitou maior troca entre as lideranças de todo o País que compõem essa Coordenação.

As organizações quilombolas, nos estados, são constituídas de diferentes formas. Algumas estão organizadas enquanto Associação ou Federação, tal como o Rio de Janeiro, Maranhão, Mato Grosso do Sul, Minas Gerais e Rio Grande do Sul, com personalidade jurídica. Em outros Estados, essa organização está materializada em Comissões, como em Pernambuco, Piauí, São Paulo e Pará.

A CONAQ, para além do processo mobilizatório que integra os vários estados brasileiros, buscou nos últimos anos o estabelecimento de interlocução com instancias e espaços internacionais, como o Fórum Social Mundial e a Conferência Mundial de Combate ao Racismo, à Discriminação Racial, à Xenofobia e às Intolerâncias Correlatas – Conferência de Durban, em 2001, pautando a questão quilombola em uma esfera mundial. Em 2007, a CONAQ esteve na OEA abordando casos de violação dos direitos coletivos desses grupos, que são impetrados pelo Estado brasileiro, como a situação hoje vivenciada nos territórios quilombolas de Alcântara, Maranhão, e de Marambaia, no Rio de Janeiro.

Como continuidade da mobilização da Marcha Zumbi, de 1995, a CONAQ participou, em 2005, da Marcha Zumbi + 10, se fazendo representada com a presença significativa de lideranças quilombolas de diversos estados do País. Esses dez anos que separam a primeira Marcha Zumbi, e a respectiva realização do I Encontro Nacional das

---

[83] Essas questões foram trabalhadas de modo mais aprofundado no capítulo 4.

Comunidades, para a Marcha Zumbi+10, materializam o peso crescente da articulação do movimento quilombola.

Marcha Zumbi + 10, realizada em 16 de novembro de 2005. Sua proposta faz alusão à Marcha Zumbi, realizada dez anos antes, em 1995, que foi um marco na mobilização dos movimentos negros brasileiros. Na Zumbi + 10, houve uma significativa presença de lideranças quilombolas de todo o país.

Foto disponível em: <http://home.alie.br/nova/conteudo.php?idn=219>. Acesso em: 25 ago. 2015.

A CONAQ atualmente possui 24 estados representados em seu corpo. Como explicitado no quadro das coordenações estaduais de quilombos, é sintomático o fortalecimento da articulação da CONAQ nos estados. Um dos resultados é a ampliação de sua representação de 22 UF inicialmente para 24 em 2015. Os estados de Roraima e Acre não possuem registros de comunidades quilombolas.

De acordo com o disposto no sítio da CONAQ, na internet, os objetivos do movimento são voltados para:

> (1) Lutar pela garantia do direito à terra e pela implantação de projetos de desenvolvimento sustentável das comunidades; (2) Pre-

servação dos costumes, da cultura e da tradição entre as gerações das populações quilombolas; (3) Proposição de políticas públicas levando em consideração a organização pré-existente das comunidades de quilombo, tais como o uso comum da terra e dos recursos naturais, sua história e cultura em harmonia com o meio ambiente, que são as referências de vida; (4) Zelar pela garantia dos direitos das crianças e adolescentes como continuadores da cultura e tradição quilombolas; (5) Combater toda e qualquer discriminação racial e intolerância religiosa; (6) Propor ferramentas de enfrentamento ao racismo ambiental;(7) Propor políticas públicas para o enfrentamento a violência doméstica contra as mulheres quilombolas; (8) Zelar pela garantia dos direitos da juventude; (9) Zelar pela garantia dos direitos da saúde, educação infantil, básica e superior, moradias dignas dos quilombolas.[84]

O movimento quilombola pauta sua luta a partir do direito fundamental aos seus territórios. Essa mobilização permeia dimensões amplas, para além do aspecto econômico, abarcando também a perspectiva cultural e social. A demanda por políticas públicas expressa a ausência de uma ação de Estado construída a partir das especificidades desses grupos e de uma tímida efetivação das políticas hoje existentes. O foco na infância e juventude é um dos aspectos centrais da perspectiva organizacional das comunidades e tratarei mais a fundo esse tema, a seguir. Por fim, a luta contra a discriminação racial também centraliza as estratégias organizativas e políticas das comunidades, sendo essa uma bandeira central das organizações negras ao longo da história do País, sejam elas urbanas ou rurais.

A CONAQ, do ponto de vista institucional, possui uma estrutura que é apontada como "frágil", narrativa essa presente na abordagem de suas próprias lideranças. No contraponto apresentado por Ronaldo, a visão de "fragilidade" é situada na própria exclusão materializada em dimensões concretas, como a falta de escolaridade, de vias de acesso, de escolas, de internet. Se por um lado, essa é uma característica que demonstra que a mobilização pelos territórios e pela identidade quilombolas está associada também a aspectos materiais, por outro simboliza a grande relevância de haver um processo de ampliação desse movimento, mesmo com todas essas particularidades e vulnerabilidades:

---

[84] Disponível no sítio da internet: <www.conaq.org.br>. Acesso em: 15 set. 2008.

Nós quilombolas discutimos escola, ensino primário, enquanto o movimento negro discute cotas. Poucos quilombolas tem e-mail e muitos dos que têm, não conseguem acessar com freqüência. E quando vão no ciber, a R$4 a hora, ele demora um tempão para ler o documento pois estudou muito pouco. Tudo é realidade que não está colocada. Então o movimento quilombola tem todas essas dificuldades. São companheiros que andam 3 dias de barco pra chegar na capital do Estado. Enfim, esse é o nosso movimento. E não dá pra comparar o nosso movimento com movimento nenhum, porque cada movimento tem a sua história e a suas possibilidades. Então a gente tem que perceber a nossa realidade e encarar do jeito que der. Acho que o externo tem muitas vezes vindo para apoiar, alguns outros vem mesmo para sacanear e penso que essa relação tem que ser mesmo muito franca, precisamos hoje é de aliados. Não dá pra dizer que não tem organização, há quantos anos estamos aí. O primeiro encontro reuniu 14 Estados. O 3º reuniu 22 Estados. O 4º Encontro da CONAQ vai ser um grande marco.[85]

Segundo Ivo Fonseca, liderança quilombola do Maranhão, a percepção do nível de organização dos quilombolas deve se dar em uma perspectiva mais ampla. Mais uma vez, há o rechaço da visão do movimento quilombola como "desorganizado" e uma crítica às formas limitadas de diálogo que o próprio Estado efetiva com as diversas formas de organizações sociais existentes:

> Dizem que nós somos desorganizados, Mas que tipo de organização? Nós somos desorganizados mas só pra estrutura do Estado que vem nos amarrando de todas as formas. Se pegar as normas constitucionais e decretos na história do Brasil, eles são cruéis conosco. Nós só passamos a ser cidadãos brasileiros a partir da constituição de 1988, antes nós não éramos cidadãos brasileiros.

Para Luiza Betânia, quilombola da Ilha do Marajó, Pará, a luta quilombola provém da força da coletividade e está ancorada na luta ancestral e na necessidade de traduzir essas referências históricas em ferramentas de mobilização na atualidade:

---

[85] Ronaldo Santos, Liderança Quilombola, integrante da CONAQ. Entrevista feita para pesquisa de mestrado da autora sobre o movimento quilombola, defendida em 2008.

> Todos os estados tem que se organizar e se unir pra ficarmos fortes, pra conseguirmos chegar no nosso objetivo, a vontade de resgatar a nossa cidadania que foi esquecida, o que nossos antepassados não puderam fazer, estamos lutando pra conseguir. Estamos perdendo parte da nossa história, porque os mais velhos estão morrendo e deixando poucas lembranças ou histórias pra gente. Temos que buscar a nossa história, em outras comunidades e qualquer lugar. Os antigos morreram e a gente não sabia o que a gente tinha perdido.

A constituição da CONAQ lança o movimento quilombola no cenário nacional. A partir daí, o movimento quilombola é reconhecido como um dos mais ativos agentes do movimento negro, de povos e comunidades tradicionais e do campo no Brasil contemporâneo, e introduz um debate que busca fortalecer a perspectiva de que este país tem em suas estruturas mais profundas uma grande pluralidade étnico-racial.

Esse movimento também é importante na denuncia do enorme passivo existente com esses povos e comunidades. Apesar dos avanços legais e institucionais existentes, especialmente após a Constituição Federal de 1988, muito pouco foi efetivado de forma concreta para as comunidades quilombolas no país. Não há nada mais concreto e palpável que o território. E esse, após 137 anos da abolição da escravidão e 37 anos da Constituição Federal de 1988 e do Artigo 68 do ADCT, continua sendo um sonho coletivo ainda distante para a maioria das comunidades no país.

## 4.5. Relações Intergeracionais e a Percepção da Atuação da Juventude

A juventude se configura como um elemento central da concepção do processo político-organizativo das comunidades quilombolas. Essa dimensão se reflete também em relação à CONAQ e às organizações quilombolas estaduais e locais. Há uma lógica de transmissão de conhecimentos, de troca dos espaços de interlocução das lideranças quilombolas que envolve uma renovação que passa também pela juventude.

Givânia Silva ressalta o peso da presença da juventude na construção do movimento quilombola:

> Outra característica da CONAQ é que a maioria das lideranças é de jovens. Ou seja, não está centrada apenas nas pessoas que iniciaram a CONAQ, como o caso de Simplício, Ivo e eu. Quando eu vejo hoje, lideranças representando os seus estados com 23, 24 anos, ao contrário de alguns pensamentos acharem que não são maduros, isso para nós do movimento nos dá a certeza da continuidade, porque no quilombo um dos nossos patrimônios é a continuidade. A CONAQ, enquanto uma organização de quilombos, não pode imaginar que lideranças ficarão eternamente ocupando esses espaços, porque aí não gera a continuidade. Para nós, o repassar é sempre uma tarefa e uma necessidade.[86]

Nas relações estabelecidas entre a CONAQ e agentes públicos ou outros movimentos e organizações, é recorrente, na abordagem de lideranças, que o movimento quilombola seja pautado como "imaturo" ou "jovem". Além da referência ao tempo de existência da CONAQ, essa reflexão refere-se também à grande quantidade de lideranças jovens que estão à frente desse processo. Novamente, Givânia Silva pontua a importância dessa participação jovem para a lógica de transmissão de conhecimento e de dinamismo das comunidades:

> Quando as pessoas falam da imaturidade da CONAQ, acredito que essas pessoas não devem conhecer a lógica de quilombo, que tem como tarefa essencial a continuidade. Nós trazemos para CONAQ aquilo que é nosso cotidiano, que é o nosso real, onde os homens e as mulheres, não importa a sua idade, têm o seu papel.[87]

A percepção da juventude, no movimento, é construída como algo que o estrutura, que representa a continuidade do potencial cultural dessas comunidades e desse movimento. Diversas ações do movimento quilombola marcam esse olhar sobre a juventude, como a rea-

---
[86] Givania Maria da Silva, liderança quilombola, fundadora da CONAQ. Entrevista feita para pesquisa de mestrado da autora sobre o movimento quilombola, defendida em 2008.
[87] Givania Maria da Silva, liderança quilombola, fundadora da CONAQ. Idem.

lização do I Encontro Estadual Quilombinho, no Maranhão, em 2002; o I Encontro Preparatório de Juventude para o Quilombinho - Prepcom, em 2006, em Brasília; o I Encontro Nacional de Crianças e Jovens Quilombolas – Quilombinho, em 2007, em Brasília. Em 2008, foi realizado, no Rio de Janeiro, o Encontro Nacional de Juventude Quilombola, no qual se formou a Rede Nacional de Juventude Quilombola, organização também vinculada à CONAQ. Essa atuação da CONAQ com a juventude simboliza um fortalecimento da "nova guarda", e nessa perspectiva, do movimento, como ressalta Ronaldo Santos:

> A juventude aparece numa condição muito favorável ao movimento. [...] Tem tido uma ampliação da participação da juventude e isso está mudando, pois o pessoal vem mais preparado. O pessoal que participou do I Prepcom, do Quilombinho, da Conferência de Criança e Juventude está pautando o tema de uma forma mais profunda. A nova guarda está se montando.[88]

A construção da categoria "juventude" não é algo dado e parte de uma construção que permeia vários elementos. Segundo Abramovay, a juventude caracteriza-se como o tempo ou período do ciclo da vida no qual os indivíduos atravessam da infância para a vida adulta e produzem significativas transformações biológicas, psicológicas, sociais e culturais, que podem variar de acordo com as sociedades, as culturas, as classes, o gênero, relações étnico-raciais e a época.[89]

A definição do conceito de juventude é complexa e avessa a reducionismos. Há fatores, todavia, que convergem para a formação de características próprias desse período etário. De acordo com Abramovay "[...] os jovens, atualmente, compõem um segmento da população afetado por estruturas "vulnerabilizantes", o que lhes afeta em várias dimensões. Os jovens aparecem em destaque em estatísticas de violência, desemprego, gravidez indesejada, falta de acesso a atividades culturais"[90].

---

[88] Ronaldo Santos, liderança quilombola do Rio de Janeiro, Secretaria Executiva da CONAQ. Idem.
[89] ABRAMOVAY et al. Juventude, juventudes: o que une e o que separa. Brasília: UNESCO, 2006. v. 1. 744.
[90] Idem, p. 11.

A Organização das Nações Unidas (ONU) define como jovens as pessoas entre 15 e 24, essa definição é fruto do Fórum Mundial de Juventude de 2001. A Organização Mundial de Saúde (OMS) apresenta parâmetros que levam em consideração a juventude como uma categoria sociológica que implica fundamentalmente na preparação dos indivíduos para a fase adulta.

Corti e Souza definem a juventude como "[...] uma categoria social representada pelo vinculo entre os indivíduos de uma mesma geração, que formam um segmento específico"[91]. Todavia, esse segmento é detentor de uma diversidade de experiências, apresenta características particulares que diferenciam o grupo a partir do lócus identitário de cada cultura. Portanto, o conceito de Juventude não deve resumir-se aos aspectos do desenvolvimento físico-biológico, como também cronológico, pois apesar de sua importância, esses enfoques são insuficientes para definir a diversidade de características e atribuições que compreende o universo da juventude. "Ser jovem implica possuir determinadas características e exercer certos papéis sociais"[92].

"Ser jovem" é uma condição construída socialmente, portanto variável e mais ampla do que as características biológicas ou cronológicas possam representar. Um conceito único, homogêneo, apresenta-se destoado desse amplo significante. O conceito de Juventude deve revelar a complexidade que o termo abriga, pois, enquanto categoria social ela é uma multiplicidade de significantes. Ressalta-se a maleabilidade e a diversidade que o conceito "Juventude" traz, bem como a necessidade de considerar as experiências e particularidade de cada sociedade nessa construção.

A especificidade que busco refletir no presente estudo é a da juventude quilombola. Portanto, para além de uma conceituação de juventude, cabe também destacar as especificidades já refletidas melhor em capítulo anterior sobre a identidade quilombola.

Discutir a identidade da juventude quilombola é uma construção social, histórica, cultural e plural. A identidade de juventude

---

[91] CORTI E SOUZA. In:ABRAMOVAY et al. *Juventude*, juventudes: o que une e o que separa. Brasília: UNESCO, 2006. v. 1, p. 12.
[92] Idem, p. 22.

quilombola abrange não somente a dimensão simbólica, mas substancialmente política. Faz parte de um movimento de tomada de consciência de um segmento étnicorracial e, também, geracional.

## 4.6. Considerações sobre as Relações Entre o Movimento Quilombola e o Estado

As articulações e mobilizações do movimento quilombola apresentam reflexos organizativos não apenas nas relações entre as comunidades nos níveis estaduais e nacional. Como resultado da luta desses sujeitos, é possível perceber uma participação e um diálogo cada vez mais significativo das comunidades quilombolas com os poderes públicos, com ênfase no poder executivo. Algumas referências do processo de relação com o Estado Brasileiro ampliaram a percepção das especificidades e dos direitos desses grupos. Ao reconhecer que a escravidão consistiu um crime contra a humanidade, durante a Conferência Mundial contra o racismo, a discriminação racial, a xenofobia e a intolerância correlata, que se organizou em Durban, na África do Sul, em 2001, o Estado brasileiro aponta para a existência de uma dívida histórica com a população negra, fato que também se reflete sobre sua ação em relação às comunidades quilombolas.

As reivindicações e a luta empreendidas pelo movimento quilombola pautam a importância de ações do poder público voltadas à garantia do direito à terra, bem como em relação à ampliação do acesso às políticas públicas, a partir de suas especificidades. Como analisado no capítulo 1, as relações e o diálogo dessas comunidades com o Estado não se fazia possível, dada a extrema violência que pautava essa relação. E essa perspectiva da não relação se fez presente no período colonial, imperial e na maior parte do período republicano.

É apenas após a Constituição Federal de 1988 que as comunidades quilombolas no País são reconhecidas como sujeitos de direitos. Essa reversão da percepção do Estado brasileiro para com esses grupos é fruto de um árduo processo de lutas. A partir dessa mudança, é possível haver abertura para o diálogo e para a formatação de políticas públicas voltadas às especificidades das comunidades. Apesar desses avanços significativos, a maioria das comunidades ainda não estabeleceu um diálogo mais efetivo com o Estado, e o acesso às políticas públicas quando se concretiza é conduzido, na maior parte dos casos, por uma perspectiva englobante, a partir das políticas voltadas às ditas "populações carentes", tendo como eixo norteador o critério econômico.

Apesar da escassa existência de diagnósticos e pesquisas sobre a situação sócio-econômica-cultural das comunidades, é possível aferir a partir de algumas pesquisas existentes que a situação de vulnerabilidade desses grupos se faz presente, também, pela falta de acesso a políticas públicas essenciais e pela não garantia do direito ao seu território.

Os conflitos territoriais, a falta de saneamento básico e de acesso a outras políticas públicas, são elementos que incidem para a situação de insegurança alimentar em muitas das comunidades, o que ficou latente nos dados obtidos na 1ª Chamada Nutricional Quilombola[93]. A desnutrição tem um impacto severo nas crianças quilombolas. De acordo com a Chamada, a proporção de crianças quilombolas de até cinco anos desnutridas é 76,1% maior do que na população brasileira e 44,6% maior do que na população rural. A incidência de meninos e meninas com déficit de peso para a idade nessas comunidades é de 8,1% — maior também do que entre as crianças do Semiárido brasileiro (6,6%).

Na segunda edição da Chamada Nutricional Quilombola, cuja pesquisa de campo foi realizada em 2011 com o universo das comunidades quilombolas tituladas, a situação de insegurança alimentar atingia uma parcela significativa dos quilombolas. Cerca de metade da população estudada apresentou características de insegurança alimentar "quando a avaliação é realizada por meio do parâmetro se o adulto pertencente a uma família de alguma das comunidades quilombolas (média para as seis regiões avaliadas) e ficou o dia inteiro sem comer ou só fez uma

---

[93] A Chamada Nutricional Quilombola é uma pesquisa antropométrica e socioeconômica de abrangência nacional, estruturada a partir de uma mostra de 60 comunidades quilombolas. É resultado de uma parceria do Ministério do Desenvolvimento Social e Combate à Fome, SEPPIR, UNICEF e CONAQ. Os dados foram divulgados em maio de 2008.

refeição no dia porque não tinha comida em casa (55,6%)"[94]. Há um agravante em regiões específicas do país, como o Baixo Amazonas, onde essa realidade atinge 86,3% das famílias.

O universo das comunidades tituladas estudado traz uma especificidade para o debate sobre invisibilidade e exclusão desses grupos. Os dados demonstram que esse universo que teve acesso a um direito ainda escasso para a maioria dos quilombos no país, que é o território, ainda vivencia uma situação de extrema vulnerabilidade social. Por isso, as dimensões materiais e econômicas são tão importantes para as demandas do movimento quilombola. O olhar do Estado e a implementação de políticas públicas não pode se privar de avançar na pauta ampla de acesso a direitos. Inclusive em dimensões elementares, como o da segurança alimentar.

Dados mais recentes, oriundos do Cadastro Único de Programas Sociais[95], das 80 mil famílias quilombolas incluídas no cadastro, 24,81% não sabem ler, 82,2% desenvolve atividades agriculturas, extrativismo ou pesca artesanal, 74,7% das famílias quilombolas estão em situação de extrema pobreza.

A situação das crianças quilombolas é ainda pior quando analisada a desnutrição por déficit de crescimento: 11,6% têm altura inferior aos padrões recomendados pela OMS (Organização Mundial da Saúde). As crianças quilombolas não crescem bem porque vão acumulando as consequências da desnutrição e das infecções, como a diarreia. Os últimos dados desse tipo para as crianças brasileiras como um todo estão na Pesquisa Nacional sobre Demografia e Saúde, de 1996: 10,5% das pessoas nessa faixa etária tinham déficit de altura — o que significa que a situação das crianças quilombolas em 2006 era pior do que a das brasileiras de dez anos antes.

Comparadas às crianças do Semiárido brasileiro (região que concentra grande parte dos municípios de pior situação socioeconômica do Brasil), as quilombolas também apresentam uma situação nutri-

---

[94] PIRES, Pedro Stoeckli e Al. Análise Das Condições De Vida, Segurança Alimentar E Nutricional e Acesso a Programas Sociais em Comunidades Quilombolas Tituladas. In: Cadernos de Estudos Desenvolvimento Social em Debate. – N. 20 (2014). Brasília, DF : Ministério do Desenvolvimento Social e Combate à Fome; Secretaria de Avaliação e Gestão da Informação, 2005. p. 43.

[95] Dados de janeiro de 2013, disponíveis no Guia de Políticas para Comunidades Quilombolas, da SEPPIR, em <www.seppir.gov.br>.

cional inferior: a proporção de pessoas de até 5 anos com déficit de altura é 75,7% maior. As comunidades quilombolas têm uma situação de renda muito baixa, além de grande exclusão do acesso ao saneamento básico. A desnutrição na faixa etária de 0 a 5 anos de idade é resultado da alimentação e das infecções. A nutrição e o saneamento básico são os binômios fatais para a desnutrição. A importância de ações como este projeto nas comunidades quilombolas está ancorada em buscar reverter esse quadro no que concerne à melhora nutricional.

De acordo com levantamento socioeconômico realizado pela Fundação Cultural Palmares com o apoio da Universidade de Brasília (2004), abrangendo cerca de 150 comunidades quilombolas, constatou-se que a renda mensal da maioria das famílias não ultrapassa R$ 240,00 mensais.

As mobilizações quilombolas também são lutas econômicas. Porém, restringir os quilombolas à categoria de "pobres", ou "classe D ou E", é um erro das concepções que orientam uma imensa maioria das políticas destinadas a esses público. A vulnerabilidade econômica está presente, mas essas comunidades precisam ser compreendidas em suas especificidades.

As políticas públicas voltadas para as comunidades, como as atualmente existentes no programa intitulado "Programa Brasil Quilombola[96]", do Governo Federal, são necessárias para reverter a situação de vulnerabilidade de muitas das comunidades, e consistem, inclusive, em uma das grandes reivindicações do movimento quilombola. Todavia, quando as comunidades chegam efetivamente a atingi-las, as ações apresentam muitas vezes um perfil genérico das políticas voltadas à população em situação de pobreza, baseando-se apenas na perspectiva econômica.

As ações educacionais, por exemplo, em sua maioria não dialogam com a história e a cultura das comunidades[97]. Em relação à saúde, por sua vez, também se apresenta uma situação complexa, posto que ações de saúde que não se constituam conjuntamente com os saberes de saúde das comunidades, como o das parteiras e ben-

---

[96] O Programa Brasil Quilombola foi criado em 2004 e agrupa ações voltadas às comunidades quilombolas em várias áreas: acesso à terra, educação, saúde, saneamento básico, eletrificação, geração de renda, dentre outros.
[97] Existem iniciativas do Ministério da Educação que visam formar professores para a atuação nessas escolas, elaborar material didático que dialogue com a cultura e costumes da comunidade e melhorar a estrutura educacional existente. Todavia, a abrangência dessas ações ainda é restrita.

zedeiras, agridem a lógica cultural desses grupos. Esses dois casos, reproduzidos em políticas públicas voltadas para outros enfoques, representam ações que não se estruturam em uma perspectiva pluriétnica, tal como trata os artigos 215 e 216 da Constituição Federal, bem como a Convenção 169 da OIT.

Portanto, as poucas políticas públicas hoje existentes apresentam um desfoque das perspectivas culturais e históricas desses grupos. Alfredo Wagner de Almeida destaca ainda que:

> Recursos orçamentários vão ser encontrados nos chamados atos de "política social" [...]. Acionados sem a titulação definitiva dos territórios, eles têm sido implementados (saúde, educação, bolsa de alimentos) como se as comunidades remanescentes de quilombos pudessem ser reduzidas ao econômico, ou seja, como se tratassem de "comunidades carentes" ou de baixa renda ou ainda de comunidades que podem ser classificadas como "pobres".[98]

Para além do reducionismo do formato das políticas para as comunidades quilombolas, a partir do recorte econômico, Almeida também traz outro elemento fundamental, que é a importância de garantir o território às comunidades, sendo essa uma perspectiva fundamental para a implementação e efetivação dos direitos desses grupos.

A inoperância do Estado para efetivar a titulação das terras das comunidades quilombolas, a resistência e as barreiras para a efetivação de políticas estruturadas a partir de uma ótica pluriétnica refletem o histórico silenciamento promovido pelo Estado brasileiro com os "outros" aqui presentes. Nessa perspectiva, ao reivindicarem sua existência e suas especificidades, as comunidades lutam contra os antagonismos construídos na própria estrutura estatal, como pontua Ronaldo Santos:

> A questão quilombola ela está colocada há muito tempo e ela tem sido conduzida com avanços e retrocessos. A primeira coisa que nós temos que ter clara é que nós não podemos desanimar, nossos ancestrais não desanimaram, por isso nós não podemos desa-

---

[98] ALMEIDA, Alfredo W. B. O Projeto Vida de Negro como Instrumento de Múltiplas Passagens. In: *Vida de Negro no Maranhão:* Uma Experiência de Luta, Organização e Resistência nos Territórios Quilombolas. Coleção Negro Cosme – Vol. IV. São Luis, SMDH-CCN/MA-PVN, 2005. p. 87.

nimar. A segunda coisa que precisamos ter clara é que o Estado (e aqui eu não estou falando de governo) não é nosso, não foi feito pra nós, não foi feito pensado para nós. Então a gente está aqui lutando contra uma estrutura de Estado que está sendo moldada há mais de 500 anos e que não foi pensada em nós.[99]

A partir de 1988, foi constituído um novo paradigma legal em relação aos grupos etnicamente distintos da sociedade nacional. A efetivação desse olhar remete, ainda, a um desafio que é romper com a perspectiva de homogeneização desses grupos. A execução de políticas públicas voltadas aos vários povos e comunidades tradicionais pressupõe uma categorização genérica que muitas vezes os desvincula de sua identidade. Em relação às comunidades quilombolas, creio ser possível afirmar que uma vez que o Estado, com base nessas mudanças paradigmáticas, busca atuar junto a grupos historicamente invisibilizados e excluídos, o faz a partir de uma certa padronização. Esse processo subentende que as comunidades construam sua identidade a partir das exigências do Estado.

O debate sobre a categoria "quilombo", já feito de modo mais profundo anteriormente, apresenta um ponto crucial que é o intuito do Estado, no processo de constituição dos sujeitos de direito, "moldar" as comunidades em definições acessíveis e palpáveis à própria estrutura estatal. Para além do identificar-se como "quilombo", essa relação Estado x comunidades incita novos processos organizativos que, por um lado, exigem das comunidades um discurso e uma estratégia de ação que viabilize o diálogo com o Estado para pautar suas reivindicações e direitos, e, por outro, exige desse mesmo Estado um esforço de se readequar e de ampliar os seus horizontes de atuação e as estratégias de interlocução.

As categorias apresentam-se como operadoras da realidade. Como coloca Arruti (2006), o "reconhecimento oficial" das comunidades 'remanescentes de quilombos' coloca em pauta o poder de nomeação de que é instituído o Direito e seu garantidor, o Estado, detentor da palavra autorizada por excelência. Essa nominação, essa classificação

---

[99] Ronaldo, CONAQ, RJ. Fala durante a Audiência Pública sobre a questão quilombola, coordenada pelo MPF, em 19 de setembro de 2007.

das comunidades quilombolas enquanto categoria reúne uma realidade heterogênea e a transforma em "objeto de ação do Estado"[100].

O que se coloca como objeto dessa relação é que as comunidades, para a aplicação do Artigo 68, do ADCT da CF, devem estar ocupando suas terras, e, por outro lado, necessitam estar organizadas politicamente para pautar e lutar pela garantia dos seus direitos e exigir do Estado o cumprimento de ações que levem à sua efetivação.

O papel do Estado brasileiro, sobretudo nos últimos anos, tem, de modo indireto, fomentado, em alguns casos, a organização das comunidades quilombolas. Houve uma elevação de mobilizações das lideranças quilombolas de todo o País para encontros, congressos, apoio a projetos nas várias áreas. A atuação do Estado, principalmente financeira, visa teoricamente o fortalecimento institucional das comunidades quilombolas. Mas, essa é uma relação complexa, em que o processo de cooptação também envolve esse diálogo entre Estado e movimento quilombola, o que por outro lado fragiliza a mobilização das comunidades e muitas vezes a intensidade de sua contestação.

Também é o Estado o gerador de vários dos conflitos existentes em territórios quilombolas, discordantes e contraditórios com suas políticas destinadas a esses grupos. Conflitos como os já descritos aqui junto às comunidades quilombolas de Macacos (BA) e Marambaia (RJ), impactadas pela Marinha, Alcântara (MA), pela base Espacial, Tambor (AM), pela sobreposição com Unidades de Conservação, as várias comunidades impactadas por obras do PAC de rodovias, ferrovias, dentre outro sem fim de casos. São ações do Estado que majoritariamente não estão em concordância com os preceitos constitucionais assegurados a esses grupos, bem como não coadunam com os instrumentos internacionais ratificados pelo Brasil, como a Convenção 169 da OIT.

O Estado tem por obrigação promover o bem estar e a igualdade dos cidadãos e cidadãs que o compõem. Esse processo passa pelo reconhecimento às diferenças e pelo esforço cada vez maior do poder

---

[100] ARRUTI, José Maurício. *Mocambo:* antropologia e história no processo de formação quilombola. Bauru, São Paulo, Edusc, 2006. p. 52.

público em efetivar os direitos desses grupos. Entretanto, como estão envolvidos em uma complexa trama de interesses contraditórios, os representantes do Estado, que atuam em nome do poder público, operam ações que potencializam, parte das vezes, a desarticulação das comunidades. Além dos casos supracitados, há, também, uma histórica omissão por parte do Estado em ser capaz de reverter situações de conflitos em comunidades expostas aos interesses do mercado imobiliário e à pressão de latifundiários e de grandes empreendimentos.

Essa situação contraditória parece ganhar maior volume com as reações da sociedade em relação à efetivação dos direitos das comunidades. Parte dessas reações está presentes em reportagens[101], projetos de lei contra legislações voltadas a titulações das terras quilombolas[102] e ações políticas que se refletem na ampliação do conflito e da vulnerabilidade desses grupos.

A relação do Estado com as comunidades, por meio de seus movimentos, apresenta uma silhueta complexa. O esforço de ampliar seu espectro de ação junto às comunidades demanda, contudo, um movimento de ampliar sua percepção das comunidades, reconhecendo a diversidade fundante desses grupos. A experiência das comunidades negras rurais é múltipla nas diversas regiões do País. Há situações em que a vivência e a construção identitária e política desses grupos os aproxima de modo mais efetivo de outros grupos camponeses do que das demais comunidades quilombolas. Estão ancoradas em múltiplos processos de formação, de territorialidade, de estratégias organizativas. Ao categorizar as comunidades como "objetos de ação do Estado", homogeneíza-se e padroniza-se algo que não pode ser reduzido ou concebido de forma única.

O interessante nas relações estabelecidas entre o movimento quilombola e o Estado é que, à medida que a ação coletiva de grupos sociais não-estatais e não-partidários, como o movimento das comunidades, configura cenários políticos diferenciados, constroem-se possibilidades e campos férteis para que as políticas públicas sejam for-

---

[101] Cito como exemplo, artigos de jornais como Folha de São Paulo, Estado de São Paulo; e reportagens do Jornal Nacional, da Rede Globo de Televisão, vinculadas nos dias 14 e 15 de maio de 2007.
[102] PL 44/2007, de autoria do Deputado Valdir Colato (PMDB/SC).

matadas a esses grupos, demandando uma efetivação do disposto na Constituição Federal de 1988, ou seja, demandando que o Estado brasileiro estruture-se e passe a operacionalizar ações e políticas públicas em uma perspectiva pluriétnica, mesmo que os desafios e as contradições existentes sejam monumentais.

Atualmente, o que se observa é que no campo das disputas de interesses conflitantes, como o de construir grandes empreendimentos (como rodovias e hidrelétricas) ou apoiar o setor do agronegócio em áreas sobrepostas às das comunidades, e, por outro lado, implementar e efetivar direitos resguardados aos quilombos e outros povos e comunidades tradicionais, as escolhas prioritárias têm sido feitas em desrespeito aos direitos das comunidades tradicionais, em uma grande parte dos casos.

O reflexo mais concreto disso é que, apesar de haver mais de 12 anos de vigência do decreto 4887/2003 e mais de 40 anos do Artigo 68 do ADCT, o principal direito e a reivindicação central das comunidades, que é o direito à terra, não seja uma realidade palpável para a maioria das comunidades quilombolas no país. O avanço nas políticas públicas é inovador, se o olhar foca o passado de exclusão e invisibilidade. Todavia, mesmo no campo de implementação de políticas sociais, o que se avançou é muito pouco, como os dados das Chamadas Nutricionais e de outras pesquisa acima demonstram. Os desafios, portanto, são muitos, tanto para o Estado, cuja miopia impede um avanço mais substancial no campo fundiário e de políticas públicas para quilombos, como para o movimento, cuja voz é fundamental para cada pequena vitória diária na efetivação dos direitos desse segmento.

# CONSIDERAÇÕES FINAIS

Em oposição à lógica totalizante, imposta pelo sistema colonial e, mais recentemente, pelo pós-colonial, as resistências negras historicamente lutam pela sua identidade, por seu território e pela sua memória. Os quilombos, como símbolo expressivo dessa resistência, entram no século XXI como um movimento que, a partir de seus critérios de pertença, trilha metas comuns em busca da garantia de seus direitos.

O Conceito de Quilombo ganha novo marco jurídico após a Constituição de 1988, determinante para a garantia do direito à terra a essas comunidades. É também um fator fundamental para o estabelecimento e organização do movimento quilombola em nível nacional, que, a partir da construção de sua identidade étnica, reivindica o direito à terra. São poucas as comunidades que alcançaram esse direito. Das mais de três mil comunidades quilombolas presentes nas cinco regiões do País, pouco mais de duzentas possuem o título.

Os interesses contrários aos direitos quilombolas contestam, principalmente, o direito aos territórios das comunidades que, uma vez tituladas, se tornam inalienáveis e coletivas. As terras das comunidades quilombolas cumprem sua função social precípua, dado que sua organização se baseia no uso dos recursos territoriais para a manutenção social, cultural e física do grupo, fora da dimensão comercial. São territórios que contrariam interesses imobiliários, de instituições financeiras, grandes empresas, latifundiários e especuladores de terras. Os conflitos fundiários hoje existentes em algumas comunidades quilombolas envolvem, na maior parte das vezes, esses atores.

Essa pesquisa buscou empreender um panorama da construção da categoria quilombo ao longo da história do Brasil. Perpassou, também, por discussões fundamentais que estão postas hoje: tal como a construção da etnicidade, os elementos que constituem a identidade quilombola e as estratégias político-organizativas das comunidades para lutarem em prol de seus direitos.

Atualmente, a principal luta dos quilombolas se volta para a implementação de seus direitos territoriais. A noção de terra coletiva, tal como são concebidas as terras de comunidades quilombolas, coloca em crise o modelo de sociedade baseado na propriedade privada como única forma de acesso à terra, instituído na Lei de Terras, de 1850. Cabe, portanto, ao Estado repensar sua estrutura agrária a partir do reconhecimento de seu caráter pluriétnico também em relação à ocupação territorial.

As dificuldades existentes para efetivar a titulação das terras das comunidades quilombolas refletem uma capacidade administrativa frágil da máquina estatal. Todavia, há disputas em jogo que superam as limitações administrativas e orçamentárias, que se conformam em uma ordem política mais ampla. São obstáculos que, de modo explícito ou não, atuam no sentido de reter o reconhecimento de direitos étnicos pela propriedade definitiva das terras das comunidades quilombolas, e se expressam de variadas formas.

As comunidades quilombolas simbolizam um outro modelo em relação à dinâmica frenética de mobilização demográfica para os grandes centros. A garantia de seus direitos fortalece, também, outras conformações sociais que se colocam em paralelo à crescente urbanização da sociedade brasileira e fortalece a perspectiva de um Estado que reconhece sua pluralidade.

O panorama interétnico das "novas etnias" requer leituras críticas e uma reinterpretação da base legal que possibilite dialogar com essa multiplicidade de fatores. O que está colocado é a revisão desses conceitos étnicos, baseados em novas redes de solidariedades, a qual, como afirma Almeida (2002), está sendo construída consoante à combinação de formas de existência coletiva capazes de se impor às estruturas de poder que regem a vida social.

Há uma intensa politização dessa questão com o processo de consolidação do movimento quilombola enquanto força social. A compreensão do conceito de quilombo, portanto, requer novos conceitos de etnia e de identidade capazes de permitir compreensões sobre esses fenômenos políticos em transformação.

"Aquilombar-se" relaciona-se fundamentalmente ao movimento quilombola, pensando-o como fruto da luta pela garantia dos direitos desses grupos. Essa trajetória de luta tem múltiplas facetas, sendo uma delas a institucional, das coordenações, associações e federações, o que se soma às outras formas de resistência das comunidades.

A partir da identidade quilombola, uma gama de comunidades e agentes sociais se articula, de forma estratégica, para defender seus direitos historicamente conquistados. São direitos assegurados, em grande medida, no escopo legal, mas ainda não efetivados no cotidiano desses coletivos. A articulação desse processo, na atual conjuntura, tem fortalecido de forma crescente as redes de solidariedade entre as comunidades quilombolas, povos indígenas e outras comunidades tradicionais, ampliando as percepções em relação às possibilidades e fronteiras das mobilizações baseadas em identidade e território.

O movimento quilombola, em sua caminhada, enriquece a narrativa centralizada no direito à terra e na luta pelos territórios tradicionais e incorpora, nos últimos anos, uma voz crescente de mobilização no campo da educação plural, com ênfase para o aspecto intergeracional e para a articulação de jovens. A justiça climática também tem sido fortalecida como estratégia do movimento quilombola, com a maior visibilidade para o papel que os territórios quilombolas desempenham na garantia e promoção da sociobiodiversidade, como parte das áreas protegidas brasileiras.

# REFERÊNCIAS

ABRAMOVAY et al. *Juventude,* juventudes: o que une e o que separa. Brasília: UNESCO,2006. v. 1.

ALMEIDA, Alfredo W. B. de.Os Quilombos e as Novas Etnias. In: O'DWYER, Eliane Cantarino. *Quilombos:* Identidade Étnica e Territorialidade. Rio de Janeiro: Editora FGV, 2002.

_____. O Projeto Vida de Negro como Instrumento de Múltiplas Passagens. In:*Vida de Negro no Maranhão:* Uma Experiência de Luta, Organização e Resistência nos Territórios Quilombolas. Coleção Negro Cosme – Vol. IV. São Luis, SMDH-CCN/MA-PVN, 2005.

_____. PEREIRA, Deborah Duprat de B. As Populações Remanescentes de Quilombos – Direitos do Passado ou Garantia para o Futuro?. Seminário Internacional – As Minorias e o Direito – *Série Cadernos do CEJ,* 24.

_____. Terras de Preto, Terras de Santo, Terras de Índio – uso comum e conflito. *Cadernos NAEE,* n. 10, 1989.

ALMEIDA, Alfredo Wagner Berno de; MARIN, Rosa Elizabeth Acevedo. Apresentação.In:*Cadernos de debates Nova Cartografia Social:* Quilombolas: reivindicações e judicialização dos conflitos.

ALMEIDA, Alfredo Wagner Berno de et al. (Org.).*Manaus:* Projeto Nova Cartografia Social da Amazônia/UEA Edições, 2012.

ALONS, Angela. As teorias dos movimentos sociais: um balanço do debate. São Paulo, *Lua Nova,* 2009: 49-86.

ARRUTI, José Maurício. *Mocambo:* antropologia e história no processo de formação quilombola. Bauru, São Paulo: Edusc, 2006.

_____. *Mocambo/Sergipe:* negros e índios no artesanato da memória. Tempo e Presença 298, suplemento mar./abr., 1998.

_____. *A emergência dos "remanescentes":* Notas para o diálogo entre indígenas e quilombolas. Mana 3(2), 1997.

BAIOCCHI, Mari de Nazaré. *Os negros do Cedro*: estudo antropológico de um bairro de negros em Goiás. São Paulo: Ática, 1983.

_____.*Relatório Técnico-científico para Demarcação do Sítio Histórico Kalunga.* Goiânia: UFG, 1990.

BANDEIRA, Maria de Lourdes; DANTAS, Triana de V. Sodré e. Furnas de Dionísio (MS). In: O'DWYER, Eliane Cantarino. *Quilombos:* Identidade Étnica e Territorialidade. Rio de Janeiro, Editora FGV, 2002.

_____. *Furnas da Boa Sorte (MS).* Relatório Histórico Antropológico. Ministério da Cultura, Fundação Palmares, UNIC, 1998.

_____. *Furnas do Dionísio.* Relatório Histórico-Antropológico. Ministério da Cultura, Fundação Palmares, UNIC, 1998.

BARABAS, Alicia. *La rebelión zapatista y el movimiento índio em México*. Série Antropologia, Universidade de Brasília, n. 208, 1996.

BARTH, Frederik. Os grupos étnicos e suas fronteiras. In:*O Guru, o Iniciador e Outras Variações Antropológicas*. Tradução de J.C. Comerford. Rio de Janeiro: Contracapa, 2000 [1969].

BOSI, Ecléa. *Memória e Sociedade:* lembrança de velhos. T. A. Queiroz. São Paulo: Editora da Universidade de São Paulo, 1987. p. 09.

BRASIL. *Constituição Federal da República Federativa do Brasil*. Brasília, DF, 1988.

_____.*Guia de Políticas Públicas para Comunidades Quilombolas*. Presidencia da República. Secretaria de Políticas de Promoção da Igualdade Racial. Brasília, DF, 2013.

_____.*Programa Brasil Quilombola*. Secretaria Especial de Políticas de Promoção da Igualdade Racial, Governo Federal. Brasília, 2005.

BRASIL, Daniel. *O Mar Virou Sertão. O Quilombo de Santana e a Transposição do Rio São Francisco*. Curitiba: Appris, 2014.

BRIONES, Claudia. *Mestizaje y blanqueamiento como coordenadas de aboriginalidad y nación em Argentina*. Runa XXIII, p. 61-88, 2002.

BUTLER, J. Actos performativos y constitución del género: un ensayo sobre fenomenología y teoría feminista. In: *Debate feminista, Publico privado, sexualidad*,1990ª. año 9, vol. 18, octubre 1998.

BUTLER, J. *El género en disputa. El feminismo y la subversión de la identidad*. 1990b. Barcelona: Paidós, 2001.

CORTI E SOUZA, In: ABRAMOVAY et al. *Juventude,juventudes: o que une e o que separa*. Brasília: UNESCO,2006. v. 1.

CARVALHO, José Jorge de (Org.). *O Quilombo Rio das Rãs: histórias, tradições e lutas*. Salvador, EDUFBA, 1995.

_____.As Propostas de Cotas para Negros e o Racismo Acadêmico no Brasil. In: *Sociedade e Cultura*, v. 4, n. 2, jul./dez. 2001. p. 13-30.

CLIFFORD, James. *Antropologia e literatura no século XX*. Rio de Janeiro: Editora UFRJ, 1998.

DOCUMENTO Final do I Encontro Nacional de Comunidades Quilombolas, Marcha Zumbi dos Palmares, 1995.

DORIA, Siglia Zambrotti. *Confrontos discursivos sobre territórios no Brasil:* o caso das terras dos "remanescentes de quilombos". Tese de doutorado. Brasília, departamento de antropologia – Unb, 2001.

FELTRAN, G. S. *Desvelar a política na periferia*. Histórias de movimentos sociais em São Paulo. São Paulo: Associação Editorial Humanitas; Fapesp, 2005.

FERNANDES, Florestan. Beyond poverty: the negro and the mulato in Brazil. In: TOPLIN,R. (Org.). *Slavery and race relations in Latin America*. Westport: Greenwood Press, 1970.

FOUCAULT, M. *A ordem do Discurso*. São Paulo: Edições Loyola, 2006.

_____. *Microfísica do poder*. São Paulo: Graal. 2000.

FRANCO, José Luciano. *Historia de la Revolución de Haití: Una batalla por el dominio del Caribe y el Golfo de Mexico*. La Habana: Editorial de Ciencias Sociales, 2010.FUNARI, Pedro P. de Abreu. A arqueologia de Palmares: sua contribuição para o conhecimento da história da cultura afro-americana. In: GOMES, Flávio dos S. e REIS, João J. (Orgs). *Liberdade por um fio:* História dos Quilombos no Brasil. São Paulo: Companhia das Letras, 2000.

GEERTZ, Clifford. *A Interpretação das Culturas*. Rio de Janeiro: LTC Editora, 1989.

GOHN, Maria da Glória. *Teoria dos movimentos sociais:* paradgmas clássicos e contemporâneos.6. ed. São Paulo, Edições Loyola, 2007.

GOMES, Flavio dos Santos. *A hidra e os pântanos:* mocambos, quilombos e comunidades de fugitivos no Brasil (sécs. XVII-XIX). São Paulo: Ed. Unesp; Polis, 2005.

GOMES, Flávio dos Santos; REIS, João José (Orgs.).*Liberdade por um fio:* História dos Quilombos no Brasil. São Paulo: Companhia das Letras, 2000.

GUIMARÃES, Carlos Magno. *A negação da ordem escravista:* quilombos em Minas Gerais no século XVII. São Paulo: Ícone, 1988.

GUSMÃO, Neusa M. M. *Campinho da independência:* Um caso de proletarização "Caiçara". Dissertação (Mestrado em Antropologia). São Paulo: PUC, 1979.

_____. *A dimensão política da cultura negra no campo:* uma luta, muitas lutas. Dissertação (Doutorado em Antropologia Social). São Paulo: PPGAS/USP, 1990.

HALL, Stuart. *Da diáspora*: Identidades e mediações culturais. Belo Horizonte: Editora UFMG, 2003.

_____. New Ethnicities. In: DONALD, J.; RATTANSI, A. (Eds.) *"Race", Culture and Difference*. London: Sage, 1992b.

HANCHARD, Michael George. Orfeu e o poder: movimento negro no Rio de Janeiro e São Paulo (1945-1988). Rio de Janeiro, Ed. UERJ, 2001.HANDELMANN, H. *História do Brasil*. São Paulo: Melhoramentos, 1978.

INIKORI, Joseph E. Africa in World History. The Export Slave Trade From Africa and the Emergency of the Atlantic Economic Order. In: Ogot,B. A. (Ed.). *Africa from the sixteenth century to the eighteenth century*.Vol. 5 of General History of Africa. Berkeley, Califórnia, 1992.

LAVIÑA, Javier. Doctrina para negros. Sendai Editores: Barcelona, 1989. LEITE, Ilka Boaventura. *Os quilombos no Brasil:* Questões conceituais e normativas. Florianópolis: NUER/UFSC, 2000.

_____.*O legado do testamento:* a comunidade de Casca em perícia. Porto Alegre: Editora da UFRGS; Florianópolis: NUER/UFSC, 2004.

LE VEN, Michel M., FARIA, Erika & MOTTA, Miriam H. S. Historia Oral de Vida: o instante da entrevista. In: Os desafios contemporâneos da historia oral. SIMSOM, Olga (org.). Campinas, Unicamp, Centro de Memória – ABHO. 1997. p. 214.

LOPES, Nei. *Bantos, malês e identidade negra*. Belo Horizonte: Autêntica, 2006.

LÓPEZ VALDÉS, R. Procedencia de los africanos introducidos en Puerto Rico. Ponencia presentada en el encuentro de africanistas celebrado en San Juan de Puerto Rico, de 20 a 21 de noviembre de 2003.

MAESTRI, Mário. Pampa negro: Quilombos no Rio Grande do Sul.In: GOMES, Flávio dos Santos e REIS, João José (Orgs.).*Liberdade por um fio:* História dos Quilombos no Brasil. São Paulo: Companhia das Letras, 2000.

MARTINS, José de Souza. *Reforma Agrária:* o impossível diálogo sobre a história possível. Brasília, MDA/INCRA, 2000.

MCADAM, D. Conceptual origins, problems, future directions. In: MCADAM, Doug; MCCARTHY, John D.; ZALD, Mayer. In:*Comparative Perspectives on Social Movements – Political Opportunities, Mobilizing Structures, and Cultural Framings.* Nova York: Cambridge University Press, 2005.

MELO, Paula B. Se a gente sentar pra contar, dá um livro. História da Família dos Amaros de Paracatu/MG. Mimeo – Monografia de Graduação em Antropologia. Universidade de Brasília, 2005.

MOURA, Clovis. *Brasil:* as raízes do protesto negro. São Paulo: Global, 1983.

_____. *Rebeliões na Senzala. Quilombos, insurreições, gerrilhas.* São Paulo: Ciências Humanas, 1981.

MOURA, M. da Glória da Veiga. *Ritmo e ancestralidade na força dos tambores negros:* o currículo invisível da festa. Dissertação de Doutorado da Universidade de São Paulo, 1997.

MUNANGA, Kabengele; GOMES, Nilma Lino. *O negro no Brasil de hoje.* São Paulo: Global, 2006.

MUNANGA, Kabenguele (Org.).*História do Negro no Brasil – o negro na sociedade brasileira:* resistência, participação, contribuição – volume I. Brasília: Fundação Cultural Palmares – MinC com apoio do CNPq, 2004.

NASCIMENTO, Abdias do. *O Quilombismo.* Rio de Janeiro: Fundação Palmares/OR Editor Produtor Editor, 2002. 2. ed. Brasília.

_____. Teatro Experimental do Negro: trajetórias e reflexões.In: SANTOS,Joel Rufino dos (Org.). *Negro Brasileiro Negro:* revista do Patrimônio Histórico e Artístico Nacional. Brasília, n. 25, 1997.

_____. *O Genocídio do negro brasileiro:*um processo de racismo mascarado. Rio de Janeiro: Paz e Terra, 1978.

O'DWYER, Eliane Cantarino. Remanescentes de Quilombos na Fronteira Amazônica: A Etnicidade como Instrumento de Luta pela Terra. In: O'DWYER, Eliane Cantarino (Org.). *Terra de Quilombo.* Rio de Jeniro, Associação Brasileira de Antropologia, 1995.

_____. Quilombos e a Prática Profissional dos Antropólogos.In: O'DWYER, Eliane Cantarino (Org.). *Quilombos:* Identidade Étnica e Territorialidade.Rio de Janeiro: Editora FGV, 2002.

_____. Territórios Negros na Amazônia: práticas culturais, espaço memorial e representações cosmológicas. In: WOORTMANN, Ellen F. (Org.). *Significados da Terra.* Brasília: Ed. Universidade de Brasília, 2004.

OLIVEIRA JR., Adolfo Neves de. Reflexão antropológica e prática pericial. In: CARVALHO, José Jorge de. (Org.).*O quilombo do Rio das Rãs:* histórias, tradições, lutas. Salvador: EDUFBA, 1995.

ORTNER, Sherry. *Resistance and the problem of ethnographic refusal. Comparative Studies in Society and History.* In: Recapturing Anthropology In Working in the Present.Richard G. Fox, ed.Santa Fe: School of American Research Press,1995.

PECHINCHA, Mônica Thereza Soares. *O Brasil no discurso da antropologia nacional.* Goiânia: Cânone Editorial, 2006.

PEDROSA, Luis Antonio Câmara.Nota sobre as (in) constitucionalidades do Decreto 4887. In: Revista de Direito Agrário. Brasília, MDA/Incra/Nead/ABDA, Ano 20, no 21, 2007.

PETRAS, J.; VELTMEYER, U. (2005). *Social movements and state power. Argentina, Brazil, Bolivia, Ecuador.* London: Pluto Press.

PÉRET, Benjamin. *O quilombo de Palmares.* Porto Alegre: Editora da UFRGS, 2002.

PEREIRA, Carmela Z. *Conflitos e identidades do passado e do presente:* política e tradição em um quilombo na Amazônia. Dissertação de mestrado. Brasília, Departamento de Antropologia – UnB, 2008.

PIRES, Pedro Stoeckli et al. Análise Das Condições De Vida, Segurança Alimentar E Nutricional e Acesso a Programas Sociais em Comunidades Quilombolas Tituladas. In: *Cadernos de Estudos Desenvolvimento Social em Debate.* n. 20. Brasília, DF: Ministério do Desenvolvimento Social e Combate à Fome; Secretaria de Avaliação e Gestão da Informação, 2005.

Por uma política nacional de combate ao racismo e à desigualdade racial: MARCHA ZUMBI contra o racismo, pela cidadania e a vida – Brasília: Cultura, 1996.

PRICE, Richard. Reinventando a história dos quilombos: rasuras e confabulações. Afro-Ásia nº 023. Bahia: UnB, 2000. Disponível em: http://redalyc.uaemex.mx/redalyc/pdf/770/77002308.pdf. Acesso em: 17 dez. 2010. RATS, Alex. *Eu sou atlântica:* Sobre a trajetória de vida de Beatriz Nascimento. São Paulo, Imprensa Oficial de São Paulo: Instituto Kuanza, 2007.

REBELO, Maria de Nazaré de Oliveira. O Povo Saramaka Versus Suriname: Uma Análise Sob O Olhar De Clifford Geert. In: *Cadernos da Escola de Direito e Relações Internacionais.* Curitiba, 14: 95-118 v. 1. 2011.

ROBAINA, Tomás Fernandez. *El negro en Cuba. Colonia, República, Revolución.* La Habana, Ediciones Cubanas, Artex, 2012. p. 11.

SANTOS, Antônio Bispo dos. *Colonização, Quilombos. Modos e Significações.* Brasília: INCTI; FCP, 2013.

SAHLINS, Marshall. *O pessimismo sentimental e a experiência etnográfica:* Por que a cultura não é objeto em via de extinção (parte I). Mana 3 (1): 41-73.

_____. *O pessimismo sentimental e a experiência etnográfica:* Por que a cultura não é objeto em via de extinção (parte II).Mana 3 (2): 103-150.

SEGATO, Rita Laura. *La nación y sus otros:* raza, etnicidad y diversidad religiosa en tiempos de políticas de la identidad. Buenos Aires: Prometeo Libros, 2007.

SILVA. Dimas Salustiano da.In:*Frechal Terra de Preto – Quilombo reconhecido como Reserva Extrativista.* São Luiz: SMDDH/CCN-PVN, 1996.

SOUZA, Barbara; PEREIRA, Lucélia et al. Caracterização sócio cultural das comunidades incluídas na Pesquisa Nacional Quilombola. In: *Chamada Nutricional Quilombola*. Brasília: Ministério do Desenvolvimento Social e Combate à Fome, 2008.

SOUZA, Barbara O. Aquilombar-se: Panorama histórico, identitário e político do Movimento Quilombola Brasileiro. *Mimeo*. Dissertação de Mestrado. Brasília, Departamento de Antropologia, Universidade de Brasília, 2008.

_____.Aquilombar-se: Perspectivas históricas, identitárias e políticas do Movimento Quilombola Brasileiro. In: MOURA, Carlos (Org.). *Diversidade Cultural Afro-brasileira:* ensaios e reflexões. Brasília, Fundação Cultural Palmares, 2012. p. 149-158.

SOUZA, Edileuza Penha de. *Tamborizar:* História e Afirmação da Auto-Estima das Crianças e Adolescentes Negros e Negras através dos Tambores de Congo. Dissertação de Mestrado. Salvador: UNEB, 2005.

SOUZA, Vânia Rocha F. de Paiva e. Conceição das Crioulas, Salgueiro (PE). In:O'DWYER , Eliane Cantarino (Org.). *Quilombos:* Identidade Étnica e Territorialidade.Rio de Janeiro: Editora FGV, 2002.

SPIVAK, Gayatari. A critique of Postcolonial Reasons: Toward a History of the Vanishing. Howard, 1999.

_____. *In Other Worlds:* Essays in Cultural Politics. London: Methuen, 1987.

SUNDFELD, Carlos Ari. *Comunidades Quilombolas:* direito à terra.Brasília, Fundação Cultural Palmares/MinC/Editorial Abaré, 2002.

TRECCANI, Girolamo Domenico. *Terras de Quilombo:* Caminhos e Entraves do Processo de Titulação. Belém, 2006.

_____. Palestra apresentada no I Seminário de Políticas de Promoção da Igualdade Racial, na mesa redonda "O Direito à Terra dos Remanescentes de Quilombos". Realizado na Câmara dos Deputados, Brasília, em 13 de maio de 2008.

_____. *Sistematização de bases de dados sobre comunidades quilombolas*. Brasília, SEPPIR, 2006.

TOURAINE, A. Os movimentos sociais. In: A. Touraine. Iguales y diferentes: podemos vivir juntos? Lisboa: Instituto Piaget, 1998. p. 127-172.

# Documentos Jurídicos

BRASIL. Constituição Federal da República Federativa do Brasil. Brasília, DF, 1988.

_____. Artigo 68 do Ato de Disposições Constitucionais Transitórias da ConstituiçãoFederal da República. Brasília, DF, 1988.

_____.Artigos 215 e 216 da Constituição Federal. Brasília, DF, 1988.

Constituições Estaduais da Bahia; Goiás; Maranhão; Mato Grosso e Pará.

Convenção Internacional nº 107, da Organização Internacional do Trabalho – OIT: promulgada pelo Decreto nº 58.824, de 14 de julho de 1966.

Convenção Internacional nº 169, da Organização Internacional do Trabalho – OIT: promulgada pelo Decreto nº 5.051 de 19 de abril de 2004.

Decreto nº. 4.887, de 20 de novembro de 2003. Regulamenta o procedimento para identificação, reconhecimento, delimitação, demarcação e titulação das terras ocupadas por remanescentes das comunidades dos quilombos de que trata o art. 68 do Ato das Disposições Constitucionais Transitórias. Brasília, DF, 2003.

Decreto nº 6.040, de 7 de fevereiro de 2007, Institui a Política Nacional de Desenvolvimento Sustentável dos Povos e Comunidades Tradicionais.

Lei nº 4.132, de 10 de setembro de 1962: Desapropriação por interesse social.

Lei nº 4.504, de 30 de novembro de 1964: Estatuto da Terra.

Portaria nº 06, de 04 de março de 2004, da Fundação Cultural Palmares, institui o Cadastro Geral de Remanescentes das Comunidades de Quilombos.

# Referências Eletrônicas

<www.ccnma.org.br>.

<www.cohre.org.br>.

<www.conaq.org.br>.

<www.ibge.gov.br>.

<www.incra.gov.br>.

<www.iterpa.pa.gov.br>.

<www.itesp.sp.gov.br>.

<www.koinonia.org.br>.

<www.palmares.gov.br>.

<www.presidencia.gov.br/seppir>.

<monitoramento.seppir.gov.br>.

<www.quilombo.org.br>.

# ANEXOS

I.Documento Final do I Encontro Nacional de Comunidades Negras Rurais (1995)

I Encontro Nacional de Comunidades Negras Rurais[1]
Brasília, 20 de novembro de 1995.

*Exmo. Sr. Fernando Henrique Cardoso*
*MD Presidente da República*

Exmo. Sr. Presidente,

Com este documento, ora encaminhado a Vossa Excelência, queremos ser ouvidos. Nunca fomos em toda a história do Brasil. Somos negros e vivemos em comunidades rurais. Descendemos de africanos que escravizados lutaram, fugiram das fazendas, buscaram todas as formas para viver em liberdade e em plena harmonia com a terra e a natureza. Nunca aceitamos que o escravismo retirasse nossa dignidade de ser humano.

A terra que temos hoje foi conquistada por nossos antepassados com muito sacrifício e luta. E passados 107 anos do fim oficial da escravidão, estas terras continuam sem o reconhecimento legal do Estado. Estamos assim, expostos à sanha criminosa da grilagem dos brancos, que são, na atualidade, os novos senhores de tão triste memória. No papel somos cidadãos. De fato, a escravidão para nós não terminou. E nenhum governante da Colônia, do Império e da República reconheceu nossos direitos.

O direito à terra legalizada é o primeiro passo. Queremos mais. Somos cidadãos e cidadãs e como tais temos o direito a tudo que os demais grupos já usufruem na sociedade. Sabemos que a cidadania só será de fato quando nós, nossos filhos e netos tivermos a terra

---
[1] Realizado durante a Marcha Zumbi dos Palmares contra o racismo, pela cidadania e a vida, nos dias 17, 18 e 19 de novembro de 2005.

legalizada e paz para trabalhar; condições para produzir na terra; um sistema de educação que acabe com o analfabetismo e respeite nossa cultura negra; assistência à saúde e prevenção às doenças e um meio ambiente preservado da ganância dos fazendeiros e grileiros que destroem nossas florestas e rios. Não temos esses direitos assegurados, portanto não somos reconhecidos como cidadãos!

O I ENCONTRO NACIONAL DE COMUNIDADES NEGRAS RURAIS, o único acontecimento do gênero realizado na história do Brasil, não poderia, neste momento em que celebramos os 300 anos da imortalidade de Zumbi de Palmares, deixar de apresentar ao Presidente da República nossas dificuldades para existir enquanto povo e as soluções que compete ao atual governo dar como resposta.

Senhor Presidente, o que reivindicamos é um pouco diante da contribuição que temos dado para a construção do Brasil.

A seguir, apresentamos nossas principais reivindicações.

**1. Terra para os quilombolas**

Desde o começo da história do Brasil, negros e índios estão sendo injustiçados. Até hoje, muitas comunidades remanescentes de quilombos e povos indígenas não tem suas terras garantidas.

A comunidade Kalunga reivindica que o governo cancele a instalação das hidroelétricas de Foz de Bezerra e Boa Vista, que, se construídas, inundarão suas terras.

**2. Saúde**

Reivindicamos que:

- A Fundação Nacional de Saúde implemente um programa junto às comunidades visando a erradicação de doenças como sarampo, tétano, febre amarela e outras mais.

- O Governo Federal fiscaliza o repasse de verbas de saúde – SUS, que se tem mostrado falho, com o sistemático atraso no repasse do pagamento aos agentes de saúde.

## 3. Educação

Reivindicamos que o Governo Federal implemente um programa de educação de 1º e 2º graus especialmente adaptado à realidade das comunidades negras rurais, com elaboração de materiais didáticos e a formação e aperfeiçoamento de professores.

Extensão do programa que garante o salário base nacional de educação para os professores leigos das comunidades negras.

Implementação de cursos de alfabetização para adultos nas comunidades negras.

## 4. Mulher Negra

Devido às denúncias de que as mulheres negras que trabalham como diaristas nas fazendas recebem salários inferiores ao dos homens, solicita-se que o Ministério do Trabalho apure a situação e tome as devidas providências.

Na certeza de que as reivindicações acima colocadas serão devidamente apreciadas e consideradas por Vossa Excelência, subscrevemo-nos,

Respeitosamente,

Comunidade Rio das Rãs (BA)

Comunidade Frechal (MA)

Comunidade Kalunga (GO)

Comunidade Conceição das Crioulas (PE)

Comunidade Furnas da Boa Sorte (MS)

Comunidade Furnas do Dionísio (MS)

Comunidade Laje dos Negros (BA)

Comunidade Campinho da Independência (RJ)

Comunidade Barra do Brumado (BA)

Comunidade Fazenda Pilar (BA)

Comunidade Parateca (BA)

Comunidade Pau D'arco (BA)
Comunidade Bananal (BA)
Comunidade Entre Rios (MA)
Comunidade Sóassim (MA)
Comunidade Santo Antônio (MA)
Comunidade Pitoró dos Pretos (MA)
Comunidade Tingidor (MA)
Comunidade Guaraciaba (MA)
Comunidade Saco das Almas (MA)
Comunidade Santa Cruz (MA)
Comunidade Santa Joana (MA)
Comunidade São Benedito (MS)
Comunidade Santa Maria dos Pineiros (MA)
Movimento Negro Unificado
Centro de Cultura Negra do Maranhão
Grupo de Trabalho e Estudos Zumbi/MS
Grupo Cultural Niger Okam (BA)
Comissão Pastoral da Terra
Comissão Pró-Índio de São Paulo